AF455514

8º J 161.

DEPOT LEGAL

LES CAPITULATIONS

EN BULGARIE

LES CAPITULATIONS

EN BULGARIE

PAR

R. CALARY de LAMAZIÈRE

DOCTEUR EN DROIT
DIPLÔMÉ DES SCIENCES POLITIQUES

LIBRAIRIE
De la Société du Recueil J.-B. Sirey, & du Journal du Palais
Ancienne Maison L. LAROSE & FORCEL
22, Rue Soufflot, PARIS, Ve Arrt.
L. LAROSE & L. TENIN DIRECTEURS

1905

LES CAPITULATIONS EN BULGARIE

CHAPITRE PRÉLIMINAIRE

La question des capitulations en Orient, et plus spécialement la question des capitulations en Bulgarie sont de celles qui demeurent à l'ordre du jour avec la question d'Orient elle-même. Dans les pays d'Orient où la sécurité des étrangers et du commerce n'offre pas les mêmes garanties que dans les nations plus civilisées de l'Europe occidentale, le premier devoir des gouvernements soucieux de leur dignité et de leurs intérêts, était de protéger leurs nationaux contre l'arbitraire et souvent la barbarie d'États où la rudesse des mœurs anciennes faisait considérer tout étranger comme un ennemi, sa fortune comme prise de guerre, et, aux heures troublées, son existence comme une faculté de tolérance absolue. Pour obvier à des inconvénients aussi graves, mettant à la merci de la moindre alerte, du moindre conflit ou du moindre caprice la vie même de ces étrangers, une seule mesure pouvait être efficace : il fallait rompre avec le droit des gens qui proclame la souveraineté absolue de l'État dans les limites de son territoire, arracher à cet État la juridiction des étrangers, la remettre aux mains d'agents envoyés à ce titre par les puissances respectives intéressées à cette diminution de souveraineté, ériger cette exception en droit absolu, la consacrer par des traités, et, le cas échéant, la défendre par la force. Telles devaient devenir les capitulations, dont la première conception fut politique et commerciale et se traduisit par un traité et qui, plus tard, lorsque les négociants eurent installé leurs comptoirs dans les Échelles, et désirèrent, en face du fanatisme musulman, avoir des garanties et être protégés, prirent cette forme nouvelle de contrainte imposée à la Turquie faiblissante et se traduisant pour elle par cette diminution de souveraineté imposée à sa barbarie débile.

C'est donc à une pensée commerciale tout d'abord qu'obéit la France — précédée peut-être en cela par les républiques italiennes — lorsqu'à la fin du moyen âge et à l'aurore des temps modernes, et lorsque la Turquie encore héroïque venait menacer la chrétienté, divisée par des guerres de dynastie qui préludaient aux guerres de races, du flot victorieux de ses invasions, François Ier se rapprocha du sultan Soliman le Magnifique, et que cette France, bientôt imitée dans cette voie, eut commencé à faire un commerce actif avec la Turquie.

De cette époque, nous le verrons, datèrent les premières capitulations, dès lors renouvelées à l'infini, avec des modifications de détails tout au plus, jusqu'à devenir la charte respectée et séculaire des pays chrétiens en Orient.

A mesure que l'activité européenne prenait un essor plus large, doublait le cap de Bonne-Espérance, pour, de là, pénétrer les civilisations mystérieuses et inconnues, hindoues, japonaises ou chinoises, — avoir des relations suivies avec elles et en profiter, parallèlement s'élargissait ce régime des capitulations arrachées par la force, la persuasion ou les présents aux rajahs, ou aux mikados fantastiques.

Aujourd'hui encore, par delà les Océans, dans les contrées lointaines de la mer des Indes et de Chine, ces concessions faites par des gouvernements faibles aux États plus forts demeurent consacrées par des textes et par des usages et — sauf pour le Japon qui est en train de prendre une cruelle revanche de cette *capitis diminutio* — se perpétuent au travers des convulsions et des crises.

Dans cet ouvrage, nous nous en tiendrons aux capitulations consenties par l'empire ottoman. Lorsque la décadence fut arrivée pour cet empire jadis redoutable, et, avec cette décadence, le réveil des nationalités esclaves qui frissonnaient dans la péninsule des Balkans; lorsque ces nationalités reprirent une vie propre et agissante, arrachèrent ses provinces par lambeaux au sultan, lorsque la Serbie, la Grèce, la Roumanie et plus tard la Bulgarie, surgirent, États jeunes et chrétiens, en face du vieil État malade qui se mourait à Constantinople de la cause même qui avait fait sa force et sa grandeur : la suprématie turbulente de son armée, une question se posa qu'il fallut résoudre.

Les parcelles du territoire turc, détachées du tronc central par les insurrections et les guerres, arrivant à l'autonomie, douées de gouvernements rationnels et parlementaires à la façon des grands États d'Occident, deviendraient-elles pleinement libres au point de vue international, débarrassées de ces capitulations auxquelles elles étaient soumises la veille encore, lorsqu'elles n'avaient pas conquis leur indépendance, ou, au contraire, les usages demeureraient-ils attachés à la terre et suivraient-ils cette terre à travers les modifications politiques pouvant survenir par la force des événements, comme ces servitudes qui en droit civil restent intimement liées au sol, alors même qu'il change de maître ? Lors du congrès de Berlin qui devait préciser, à ce point de vue, la situation de la Bulgarie, qui nous intéressera plus particulièrement, un précédent semblait militer en faveur de l'affranchissement international total des nations chrétiennes ainsi dérobées au joug musulman. Lorsque la Grèce de Canaris et de Missolonghi avait enfin conquis son indépendance après une épopée héroïque, les capitulations n'avaient pas été maintenues. La Grèce, il est vrai, n'avait pas seulement, pour elle, les souvenirs historiques qui ont bercé toute l'humanité et ont tourné les imaginations vers l'immortel pays d'Homère ; son peuple était policé, et le contact perpétuel qui avait existé grâce au commerce entre les Grecs de l'Hellade, les Florentins, les Vénitiens et les Marseillais, donnait des garanties et justifiait l'abandon des droits séculaires. Il n'en était pas de même pour les Bulgares, race isolée et forte mais sauvage, sans éducation sociale ni éducation politique. L'Europe s'arrêta donc pour la Bulgarie à la seconde solution : elle était d'ailleurs conforme à ses intérêts les plus stricts et la jeune nation, dans la première heure de son émancipation, pliée depuis des siècles aux pratiques ottomanes, ne pouvait pas s'affranchir d'un seul coup, sans préparation, de ces mœurs rudes qui lui avaient longtemps été imposées par la force. Elle n'avait pas encore donné des preuves de sa sagesse, et de sa modération : les capitulations étaient le frein nécessaire pour éviter le retour à l'arbitraire turc que la Bulgarie pouvait reprendre à son compte, après l'avoir supporté, par une réaction naturelle aux opprimés qui goûtent à l'indépendance.

Une telle précaution était sage et se justifiait : il fallait à l'Europe des gages pour donner à ce pays nouveau, secoué encore de mouvements violents, droit de cité, et pleine existence internationale; avec le progrès et le temps viendrait une confiance réciproque pouvant justifier l'abandon, de la part de l'Europe, de ses privilèges sinon en droit, du moins en fait : jusque-là s'abstenir était prudent, se réserver était sage.

D'ailleurs une pareille situation avait existé pour la plupart des royaumes constitués avec les dépouilles de la Turquie. Certains depuis ont fait leurs preuves; ils ont su se donner un gouvernement assez fort à l'intérieur pour assurer la sécurité absolue des étrangers, la répartition de la justice équitable entre tous, sans distinction de race ni de religion; et à la suite de réformes efficaces, les puissances intéressées ont pu abandonner l'exercice des capitulations qui ne pouvaient plus se défendre.

Du moins, sauf pour la Grèce, nous l'avons vu, l'île de Chypre et la Tunisie, cet abandon a-t-il été de pure tolérance et des textes formels sont là qui conservent aux puissances occidentales toute l'étendue légale des garanties qu'elles avaient prises ; nous verrons que le traité de Berlin, la charte dernière enregistrée par le concert européen sur la question d'Orient maintint formellement en Serbie et en Roumanie les droits existants : et que si ces droits ne furent jamais appliqués et ne sauraient plus l'être après des années de non exercice, après des traités échangés qui ne les relatent plus, semblent les ignorer et même les contredire, ce fut à l'origine un acte de complaisance qui sans les supprimer absolument en droit les détruisit cependant définitivement en fait.

Cette situation n'a pas été étendue à la Bulgarie née au lendemain de la guerre russo-turque : c'est avant tout, nous l'avons déjà dit, ce point de vue spécial de la question des capitulations qui nous intéressera ici.

Ce nouvel État n'a peut-être pas encore le même degré de civilisation que ses sœurs aînées de Roumanie et de Serbie ; la race y est rude et forte et les cinq siècles de domination turque ont laissé leurs traces dans les âmes bulgares : il en résulte une tendance fort nette à l'arbitraire,comme un souvenir de lointaines et vagues barbaries, des éclairs de cruauté autoritaire. Aussi, a l'inverse de cette Roumanie et de cette Serbie, l'Europe a conservé non seulement en droit ses privilèges, mais elle les exerce encore dans leur presque intégralité. Est-ce à dire pourtant que l'Europe se tiendra toujours dans cette attitude expectante et d'observation? Nous ne le croyons pas ; peu à peu le lien se déliera, à mesure que la Bulgarie, assagie par l'exercice de ses droits politiques et sociaux, prendra de plus en plus conscience d'elle-même. Dès à présent cette tendance se manifeste : la Bulgarie supporte difficilement une pareille tutelle, elle saura s'en affranchir et c'est vers un tel résultat que tendent les efforts de ses hommes d'État. A tort ou à raison, un peu plus tôt ou un peu plus tard, l'Europe contemporaine, héritière lointaine et affaiblie de la société chrétienne de l'ancien régime, abdiquera en Bulgarie cette tolérance de contrôle et de police qui lui appartient nominalement encore. Des symptômes de cette disparition se manifestent déjà, nous les étudierons plus loin; cette disparition se fera naturellement, sans heurts, sans crise et par la force même invincible des choses. Les chancelleries s'en occuperont seules, une courte note communiquée à la presse viendra annoncer un beau matin au monde indifférent que cette éternelle question d'Orient, ce Protée insaisissable aux mille expressions variées, a eu un chapitre de plus, et que l'Europe, une fois de plus aussi, a renoncé à un droit consacré par l'usage de plusieurs siècles. Les capitulations bulgares auront vécu, — comme leurs sœurs de la Roumanie ou de la Serbie, — emportées par le flux montant de la civilisation et l'effort lentement triomphant des nationalités aujourd'hui esclaves.

Dans le cadre modeste de cette étude, — après avoir étudié ces capitulations elles-mêmes, — leur raison d'être historique, leur développement, les conflits qu'elles ont déterminés; après avoir esquissé l'état de ces capitulations à l'heure actuelle, leur fonctionnement en Bulgarie, et les débats diplomatiques auxquels a donné lieu pour cette Bulgarie, spécialement lors du congrès de Berlin, leur maintien intégral par la cour plénière européenne, — nous passerons sommairement en revue dans une seconde partie les difficultés internationales dont elles ont été la cause. Ces difficultés sont fort nombreuses ; on comprend aisément pourquoi : l'irritation causée par l'exercice des privilèges européens, a amené dans la principauté de violentes colères et, à maintes reprises, le gouvernement princier, dans un immédiat moment d'exaspération, a pris telle mesure dont le résultat pour lui a été un conflit avec les grandes puissances occidentales.

Étudier tous ces débats souvent mesquins, toutes ces notes échangées serait fastidieux et inutile; nous les indiquerons donc seulement en passant sans insister et en nous plaçant à un point de vue purement documentaire. Par contre nous examinerons de très près et dans tous ses détails le plus intéressant, le plus complet de ces conflits, celui qui a le plus vivement secoué l'opinion et qui surtout a le plus nettement posé le principe même des capitulations : l'affaire Chadourne survenue en 1891 entre la France et la Bulgarie. Enfin dans une dernière partie nous essaierons de démêler les sentiments qui agitent le peuple bulgare contre ces capitulations : nous énumérerons les manifestations par la presse, la brochure ou le livre favorable ou hostile au maintien des anciens usages et de cet ensemble nous tenterons d'extraire une opinion impartiale qui sans être dictée par un enthousiasme facile pour une nationalité jeune, récemment ressuscitée sur la scène où se jouent les destinées du monde, ne soit cependant pas déterminée par l'égoïsme étroit qui rend le citoyen d'une nation plus forte, jaloux des privilèges exercés par son pays contre un peuple plus faible, qui n'en a pas moins droit à la vie et à la liberté.

PREMIÈRE PARTIE

LES CAPITULATIONS DANS LEUR ENSEMBLE. — LEUR DÉVELOPPEMEMT ET LEUR HISTOIRE. — LEUR ÉTAT ACTUEL ET LEUR APPLICATION SPÉCIALE EN BULGARIE.

CHAPITRE I

L'origine des capitulations en Bulgarie et le congrès de Berlin.

La Bulgarie en tant qu'Etat nouveau est née du traité de San-Stefano et du congrès de Berlin.

La nation bulgare, d'origine slave, se trouve répartie dans la péninsule des Balkans, au sud du Danube ; elle se rencontre non seulement dans la principauté actuelle, mais encore dans la Roumélie Orientale, la Macédoine, s'étend jusqu'à la mer Égée, effleure la Thessalie, en contact ici avec les Grecs, là avec les Roumains et les Serbes ; — c'est une race jeune et forte, tenace, remuante, joignant à la souplesse orientale, une grande énergie et un grand courage ; sa situation dans les Balkans, autrefois secondaire et presque nulle, prend chaque jour une importance nouvelle et, si l'union des nationalités chrétiennes grecques, latines ou slaves doit se faire en Orient, la Bulgarie semble aujourd'hui en mériter l'hégémonie et être appelée à jouer le rôle magnifique d'unification réservé jadis à la Prusse en Allemagne et au Piémont en Italie.

La naissance de cette nation bulgare se perd dans la nuit de l'histoire et son antiquité même rend impossibles des hypothèses précises touchant ses origines primitives. Sans doute des peuplades slaves venues des bords du Volga et des steppes immenses de la grande plaine du Nord, jetées en avant par les invasions tartares et devenant par nécessité, invasion elles-mêmes ont-elles envahi la vallée du Danube, passé le fleuve inondé la montagne et la plaine, et se sont-elles installées dans des territoires abandonnés ou pris, après en avoir chassé les aborigènes ou les avoir asservis. Des faits semblables ont marqué l'aurore de toutes les puissances européennes, au premier chapitre de leur histoire, lors de la formidable poussée des barbares contre l'empire romain en décadence.

Les Bulgares, au milieu des populations grecques se partageant alors la péninsule, devinrent l'ennemi pour elles au même titre que le Turc, et dès avant l'apparition de celui-ci dans ces parages. Soumis de droit d'abord à Constantinople, mais en réalité indomptés, ils ne tardèrent pas à secouer le joug, épris qu'ils étaient de leur sauvage indépendance, et en 679, Asparuh fondait l'État bulgare, en réduisant les chefs rivaux de bandes éparses et sans cohésion et en les groupant autour de lui.

Ses successeurs depuis Krum, jusqu'à Michel et Siméon luttèrent contre Byzance et lui infligèrent de ces désastres lointains et sanglants qui frappent l'imagination et qu'on rencontre comme des points de répère dans la confusion du moyen âge. Constantinople finit pourtant par triompher de ces hordes conquérantes, à peine civilisées, poussant leurs incursions hardies jusqu'aux portes mêmes de la capitale et rentrant ensuite dans leurs marais, leurs montagnes et leurs forêts chargées de butin et des dépouilles d'un luxe oriental. L'État bulgare fut asservi et en 1186 seulement, à l'appel des deux frères Arsène et Pierre, il se souleva, pour retrouver l'antique liberté des époques héroïques. Ce ne fut qu'une courte lueur brillante, un ennemi nouveau, plus redoutable que des Grecs théologiens amollis de bien-être et de bonne chère arrivait innombrable et fanatisé à la conquête du monde chrétien dont Constantinople était la forteresse avancée, et, en l'année 1388, les Turcs prenaient Trnovo, la capitale et la ville sainte des Bulgares : un nouveau flot d'invasion recouvrait les invasions précédentes, pour de là se précipiter vers l'Europe occidentale et venir y briser son dernier effort.

Ce fut alors pour les Bulgares un sommeil de près de cinq siècles, à peine troublé de loin en loin quand les exactions ottomanes devenaient trop fortes, par une révolte locale vite réprimée dans des flots de sang, un long et monotone martyrologe d'une nation à qui on désapprend sa nationalité, d'un peuple esclave, qui n'a plus foi dans l'avenir et qui ne songe qu'aux souffrances du présent. Seuls, les souvenirs militaires et glorieux des temps de victoire demeuraient dans l'esprit populaire, célébrés par des poètes vagabonds à la façon des aèdes antiques, répétés dans la foule et retenus par lambeaux. C'est ainsi que les Bulgares conservaient leur histoire déformée par la fiction et la poésie, agrandie et élargie par elle, vulgarisée par la chanson nationale jusqu'au fond de la plus infime bourgade; c'est ainsi que les générations successives surent que leurs ancêtres avaient été libres et par la liberté avaient accompli de grandes choses: dans la pensée publique le désir de l'indépendance subsista, légué de père en fils avec son héritage, patrimoine inaliénable et respecté.

Et en Bulgarie, comme en Italie, comme en Allemagne, comme dans les contrées voisines de la Roumanie et de la Serbie, la renaissance littéraire pré céda en la préparant la renaissance politique, en fut la raison directe et la véritable cause.

Deux oppressions pesaient sur la Bulgarie, aussi lourdes toutes deux, aussi odieuses : l'une politique, celle de la Turquie ; l'autre religieuse, celle du clergé grec, rapace et cruel. Se débarrasser de ce double joug : tel fut le rêve amoureusement caressé, l'espoir ardemment désiré, l'instant appelé par tous les vœux dans la première moitié du siècle. Une histoire de Bulgarie, — la première, — avait été publiée par un moine du mont Athos, Païssy ; elle avait passé de mains en mains et avait profondément troublé la conscience populaire ; des associations s'étaient secrètement fondées, avaient étendu leurs réseaux sur tous les pays bulgares, préparant l'émancipation et recrutant des adeptes pour la sainte cause. La lutte se cantonna d'abord sur le terrain religieux : la haine contre le prêtre grec était encore plus forte que la haine contre la soldatesque turque. En 1767 le dernier archevêque national bulgare, résidant à Ochrida en Macédoine, avait été déposé et remplacé par des ministres orthodoxes venus du Phanar ou des villes levantines, différents par la langue et les mœurs, soutenus par les autorités ottomanes et se livrant à toutes les exactions sous prétexte de pratiques du culte.

En 1836, les villes de Scopié et de Samokoff tentaient d'échapper à cette domination d'autant plus cruelle qu'elle frappait à la fois la conscience et la fortune, défendait jusqu'à la pensée et tentait à déformer les aspirations, à modeler les âmes. Le mouvement échoua ; d'autres lui succédèrent, ils ne réussirent pas davantage, mais le peuple bulgare ne se découragea pas et après bien des alternatives, bien des espérances trompées et bien des martyrs en 1870 un exarchat bulgare était installé solennellement à Constantinople.

La liberté religieuse était conquise, restait la liberté politique. Depuis 1850 l'agitation se maintint à l'état endémique dans les provinces bulgares, tantôt plus, tantôt moins violente, mais grondant toujours sourdement pour éclater par instant en coup de tonnerre. Ces agitations encouragées par la Russie devaient prendre une importance spéciale, lors de la grande crise qui s'ouvrit pour l'Orient à la fin de 1875. Toutes les populations chrétiennes, accablées d'impôts et de vexations de toutes sortes et ne croyant pas aux promesses de réformes faites par la Porte ou plutôt arrachées à celles-ci par l'Europe, résolurent, lasses qu'elles étaient d'invoquer le bon droit méconnu, de faire appel aux armes. Ce fut une traînée de poudre : l'insurrection partit des confins du Monténégro et de la Serbie, s'étendit à la Bosnie, déborda en Macédoine et envahit la Bulgarie au mois d'avril 1876 ; jamais le mouvement n'avait été aussi large, jamais la répression ne fut plus terrible. L'armée serbe qui était entrée en campagne fut écrasée à Zaïtschar, et les bandes bulgares cernées de toutes parts par des hordes féroces de bachi-bouzouks, massacrées en détail. Des atrocités furent commises, des femmes, des enfants suppliciés et par toute l'Europe courut un grand cri de pitié. Mais le pays où il eut le plus d'écho ce fut chez les Russes, car les Bulgares c'étaient des Slaves aussi, presque des compatriotes, ils étaient martyrs de la même religion et dans leurs veines coulait le même sang.

Le czar Alexandre II ne sut pas résister à l'entraînement de tous ses sujets, et malgré les efforts de l'Angleterre, favorable en secret à la Porte, il se prépara ouvertement à la guerre. En même temps il envoyait le général Ignatieff, panslaviste déterminé, ancien ambassadeur à Constantinople, auprès du sultan avec des propositions qui équivalaient à un véritable ultimatum : l'autonomie pour la Bosnie et l'Herzegovine et surtout pour la Bulgarie, des garanties pour tous les chrétiens et tous les étrangers en Orient. La Turquie sembla céder pour gagner du temps, — puis promit aux représentants des puissances qui s'étaient entre temps réunis en conférence à Constantinople, la promulgation d'une constitution impossible : mais elle repoussa toute idée d'autonomie pour les provinces chrétiennes. Les diplomates quittèrent aussitôt Constantinople et Ignatieff s'éloigna en proférant des menaces de guerre ; celles-ci d'ailleurs ne tardèrent pas à se réaliser et après des alternatives diverses qui ne firent qu'envenimer le conflit, la Russie lançait son manifeste de rupture le 24 avril 1877.

Les hostilités, après divers retours de fortune inattendus et qui montrèrent chez les Turcs un ressort, qui semblait brisé par une décadence déjà plus que séculaire, après des épisodes héroïques et sanglants, se dénouèrent brusquement en faveur de la Russie : les Balkans furent forcés, la citadelle de Kars, la plus importante du Caucase, enlevée, et Plewna, le dernier rempart de la résistance ottomane, succomba à son tour après un siège épique qui couvrit de gloire Osman-Pacha, son intrépide défenseur.

Dans une situation aussi tragique, privé d'armées, de ressources, n'ayant plus même d'illusions et d'espoir, le sultan devait céder sous peine de voir les régiments russes pénétrer dans l'antique Stamboul, ce carrefour de la civilisation orientale : et les conditions de paix quelque dures qu'elles fussent valaient mieux que cette perspective dont le premier résultat aurait été d'exaspérer jusqu'à la fureur le fanatisme mulsuman.

Il souscrivit donc à toutes les exigences, s'inclina devant toutes les humiliations et signa le 3 mars 1878 le traité de San-Stéfano, qui parachevait l'œuvre de Pierre le Grand et de Catherine et anéantissait cette puissance ébranlée, sans doute, mais encore redoutable jusque dans ses convulsions d'agonie, qu'était la Sublime Porte, jusqu'à la veille encore.

Sans parler de l'indépendance absolue qui était octroyée à la Roumanie et à la Serbie — dernière phase naturelle de l'évolution commencée pour ces deux pays depuis un siècle, — la principauté nouvelle de Bulgarie prenait des proportions à ce point considérables qu'elle mutilait en quatre tronçons d'inégale importance les dernières possessions européennes de la Turquie : cette Bulgarie partait du Danube, enclavait d'une part Constantinople, d'autre part Salonique, comprenait toute la Bulgarie proprement dite et toute la Rouméiie, touchait d'une main à la mer Noire et de l'autre, à la mer Égée, englobait la Macédoine et tels districts de la Thessalie du Nord, étranglait enfin en une bande de terrain étroite, les communications de l'Albanie et de la Bosnie, provinces demeurées ottomanes, et s'avançait vers le Monténégro, qui, doublé lui-même, achevait de donner à l'empire turc, déchiré en lambeaux, une configuration bizarrement contournée, sans groupement et disparate. Si l'on ajoute à ce tableau rapidement esquissé, des conditions très dures aussi en Asie : à savoir la cession du territoire de Khotour à la Perse, à la Russie, l'abandon des villes de Batoum, Ardahan, Kars, Alaschkert, Bayazid, la prise de possession par la Roumanie sur le Danube du Sandjak de Touldjà, on comprendra la déchéance irrémédiable qui frappait la Sublime Porte au traité de San-Stefano : l'Europe l'admettait désarmée et faible, elle ne pouvait consentir à cet abandon véritable de soi-même, à cet abaissement, qui n'était qu'une abdication, et à la nouvelle de tant de modifications profondes, plusieurs puissances manifestèrent le désir, la volonté inavouée encore mais menaçante déjà, de faire entendre raison aux Russes dans un congrès ; c'était d'ailleurs, depuis longtemps, l'habitude historique et diplomatique de remettre le sort de la question d'Orient aux mains d'une réunion d'ambassadeurs où les appétits de chacun modéraient ceux de tous les autres.

Ce fut à l'Angleterre, qui était, ou se croyait, plus atteinte, que vint cette idée, et elle la communiqua aigrement à la Russie. Celle-ci ne redoutait guère l'Angleterre isolée ; elle se croyait sûre de l'alliance autrichienne : le 26 mars, le czar faisait savoir, par une note très âpre au Foreign-Office, qu'il refusait d'entrer dans les vues de l'Angleterre et de lui donner satisfaction.

Mais l'Autriche devait encore manquer à la diplomatie russe, comme elle l'avait déjà fait lors de la guerre de Crimée : Andrassy connaissait le prix de l'alliance autrichienne et voulait la faire payer au cabinet de Saint-Pétersbourg à sa juste valeur ; il répondit donc aux ouvertures du général Ignatieff, envoyé à Vienne, par des exigences si rigoureuses que celui-ci les refusa sans même essayer de les discuter; le chancelier autrichien demandait en effet, en échange d'une entente possible, que la Bosnie et l'Herzegovine soient occupées par les troupes austro-hongroises, que la Serbie et le Monténégro reconnus indépendants, soient toutefois liés à l'Autriche par des traités militaires et commerciaux et soient incorporés avec celle-ci dans une sorte de Zollverein, tout à l'avantage de la grande monarchie danubienne. A ce compte une seule puissance aurait tiré des avantages véritables de la guerre russo-turque, et cette puisssance eût été l'Autriche.

L'échec de ces négociations fut connu à Londres, et rendit aussitôt menaçante l'attitude du Foreign-Office. Celui-ci croyait d'ailleurs pouvoir compter aussi sur la France : la crise amenée à la fin de 1877 par les espérances illusoires du maréchal de Mac-Mahon, s'était terminée par le triomphe définitif des républicains ; le duc Decazes, ministre des affaires étrangères, avait été remplacé par M. Waddington, Anglais d'origine et très anglophile; dans ces conditions le cabinet de Saint-James, dans lequel lord Derby venait d'être remplacé par lord Salisbury aux affaires étrangères, adressa le 1er avril à Saint-Pétersbourg une nouvelle note de protestations fort nette et presque brutale. Le conflit prenait une tournure aiguë et tragique.

Serait-ce la guerre ? La Russie, quelque affaiblie

qu'elle pût être alors, l'eût acceptée sans doute, si l'attitude froide de l'Allemagne ne l'eût laissée isolée en face de l'Europe menaçante. Aux ouvertures faites à Berlin par la diplomatie russe, M. de Bismarck fit la sourde oreille, parla du danger toujours imminent sur la frontière française, bref se déroba. Dans une pareille situation, malgré les vaines bravades du mois de mars, une guerre aurait été pour la Russie témérité folle et le chef du cabinet de Saint-Pétersbourg, Gortchakoff, le comprit d'autant mieux que son tempérament était plus réfléchi et plus timoré; aussi le 7 avril adressait-il à Londres une communication par laquelle il demandait à l'Angleterre de présenter ses conditions, et se déclarait prêt à les discuter.

Ces conditions, lord Salisbury les transmit dans son mémorandum secret à l'ambassadeur de Russie à Londres, le comte Schouvaloff. Celui-ci retourna à Saint-Pétersbourg, en passant par Berlin, et les fit accepter par son gouvernement ; un congrès européen devait se réunir à brève échéance ; mais le mémorandum en question préparait la tâche à ce congrès en réglant les points importants et en bornant en réalité le rôle souverain des assises européennes à des points insignifiants et de détails. La Bulgarie devait être ramenée à des proportions plus sages, la Roumélie aurait seulement une autonomie administrative dont l'importance et la forme seraient postérieurement discutées, la Russie renoncerait à ses conquêtes asiatiques et ne se dédommagerait pas de la dette de guerre qu'on pensait ne pouvoir être payée par la Turquie en occupant de nouveaux territoires. Le 30 mai la Russie souscrivait à toutes ces concessions : le rôle du congrès était donc très limité et s'il eut un éclat inaccoutumé, les solutions étaient en réalité arrêtées d'avance, il ne fit que les consacrer dans une forme plus solennelle et au nom de l'Europe entière.

Le 13 juin le congrès s'ouvrait à Berlin sous la présidence du prince de Bismarck ; jamais le vieux chancelier n'avait joué rôle plus large, jamais sa diplomatie ferme, adroite et avisée ne lui avait valu de triomphe sinon plus profitable au moins plus éclatant et plus prodigieux. Tous les grands diplomates de l'Europe étaient réunis dans une sorte de cour plénière et il dirigeait les débats avec l'autorité incontestée que lui donnaient ses récents triomphes.

A côté d'Andrassy et de Gortchakoff, à côté de Schouvaloff, on voyait Beaconsfield, Waddington, Carathéodory-Pacha : depuis les éblouissements de l'épopée napoléonienne d'Erfurt et de Dresde, et le congrès de Paris en 1856, l'Europe n'avait vu réunis autant de grandes figures et de grands noms. La lutte d'ailleurs fut vive dès le premier jour, âpre même par moments entre l'Angleterre et la Russie : elle donna lieu à des séances orageuses et à des discussions passionnées.

Le 25 juin 1878, le congrès s'occupa plus spécialement de la Bulgarie ; comme nous l'avons vu l'importance donnée à cette principauté lors du traité de San-Stefano, avait été l'une des causes qui avaient déterminé de la part du concert européen les réserves qui avaient abouti en dernière analyse au congrès actuel ; le conflit initial même était né en partie entre la Russie et la Turquie de cette question particulièrement brûlante puisqu'elle touchait au problème toujours délicat et jamais résolu des nationalités esclaves. Fallait-il s'en tenir à des demi-mesures, doter les Bulgares d'un fantôme d'indépendance et laisser sous le joug ottoman une partie de la nation bulgare, ou, au contraire, au nom de ce principe des nationalités, achever d'un coup l'œuvre de relèvement et de résurrection et, d'après le plan russe, faire de cette Bulgarie reconstituée un État uni et fort, absolument indépendant comme ses sœurs de Roumanie et de Serbie, comprenant avec la Roumélie, une partie de l'antique Macédoine et allant de la mer Noire à la mer Égée ; fallait-il faire très peu ou beaucoup, en réalité tout ou rien : la question entière était là. Par réaction contre l'œuvre russe et aussi par un sentiment de condescendance et de pitié pour la Turquie, ou plus exactement de crainte de voir s'écrouler, après une agonie séculaire, et avec toutes ses conséquences, la Sublime Porte anéantie, l'Europe s'arrêta aux demi-mesures ; l'avenir et un avenir prochain devait surabondamment montrer combien insuffisantes elles étaient et combien vaines étaient aussi les prévisions de la diplomatie et les calculs des plénipotentiaires.

En même temps et parallèlement à cette première difficulté, résolue d'ailleurs dès avant le congrès par la convention intervenue le 30 mai entre la Russie et l'Angleterre, il s'en posait une seconde moins brûlante sans doute et d'ordre plus juridique, mais présentant elle aussi son importance et son intérêt, Laisserait-on subsister comme par le passé, du temps de la domination turque, les capitulations en Bulgarie, ou au contraire ferait-on table rase des traités existants, qui avaient diminué au profit de l'Europe la souveraineté turque à l'intérieur ; limiterait-on la souveraineté bulgare elle aussi, et les étrangers domiciliés dans les limites du nouvel État auraient-ils une situation privilégiée. — Le congrès se rangea à cet avis par un sentiment de défiance envers un peuple à peine émancipé et habitué dès longtemps aux mœurs et à la civilisation ottomanes.

Des précédents militaient d'ailleurs en faveur de cette thèse, très soutenue au sein du congrès et consistant à maintenir dans leur intégrité toutes les coutumes et tous les usages capitulaires dans la nouvelle principauté. Il semblait que l'Europe voulait maintenir tous ses droits et que sa générosité en faveur des populations bulgares, très large tant qu'elle s'exerçait pour le compte et au détriment de la Turquie, n'existât presque plus dès qu'il s'agissait de toucher à des immunités personnelles aux puissances, parties délibérantes dans ce concert européen. La Roumanie — même après le congrès de Paris, même depuis les événements, présents à toutes les mémoires, qui avaient amené la réunion effective de la Hollande et de la Valachie sous le gouvernement du prince Couza, — était restée soumise en droit aux exigences imposées jadis à la Porte et à la diminution de souveraineté que celle-ci subissait de temps immémorial, au point de vue de la juridiction des étrangers domiciliés sur son sol. Bien plus, malgré l'indépendance complète que cette Roumanie s'était assurée, un prêtant à la Russie le concours spontané, empressé et enthousiaste de son armée, et le passage sur son territoire, les diplomates, par défiance envers un État si jeune, hésitant encore et comme ébloui par sa récente liberté, ne voulaient pas abandonner les antiques privilèges d'un trait de plume et malgré l'opposition très vive de la Russie l'article 47 du traité de Berlin avait solennellement déclaré qu'en Roumanie, « les droits acquis resteraient en vigueur « tant qu'ils n'auraient pas été modifiés d'un com- « mun accord par la principauté et les parties inté- « ressées. »

Cet article d'ailleurs constatait seulement un fait sans portée, l'avenir devait le laisser lettre morte et débarrasser sans négociation ni secousse la Roumanie de cette dernière entrave apportée au libre développement de son indépendance.

En Serbie une situation semblable existait, appuyée sur des textes identiques, plus précis encore. Les capitulations avaient résisté là aussi à l'autonomie presque absolue et déjà plus que cinquantenaire de la monarchie nouvelle dont la première lueur de liberté, et le premier frémissement d'insurrection vengeresse remontaient au commencement du siècle et au vieux Miloch.

Cette situation devait être, elle aussi, consacrée au congrès de Berlin, malgré l'affranchissement définitif et la rupture des derniers liens de vassalité avec la Porte, et l'article 37, plus catégorique encore que l'article 48, affirmait « que les immunités et privi-
« lèges des sujets étrangers ainsi que les droits de
« juridiction et de protection consulaires tels qu'ils
« existent aujourd'hui, resteront en pleine vigueur
« tant qu'ils n'auront pas été modifiés d'un commun
« accord par la principauté et les puissances inté-
« ressées. » Ici encore l'affirmation était nette et formelle et pourtant elle reste, comme pour la Roumanie, purement platonique ; — les principes n'en étaient pas moins strictement et étroitement posés et les signataires du congrès de Berlin se réservaient

ainsi un moyen d'action possible, qui bientôt du rerte devait demeurer à l'état de texte stérile, au cas où les deux nouveaux royaumes ne répondraient pas suffisamment dans l'avenir à la confiance qu'on leur témoignait.

Dans ces conditions il eût été illogique, dangereux même, d'agir différemment vis-à-vis de la Bulgarie, sous peine de voir ses voisines et ses aînées se révolter contre une indulgence qu'elles n'avaient pas connue et que juridiquement elles ne connaissaient pas encore. Mais, comme nous le verrons, à la différence de la Serbie et de la Roumanie, le maintien des capitulations à la jeune principauté ne devait pas être une vaine formalité et un article inutile. En effet tous les membres du congrès n'étaient pas également bien disposés pour les Bulgares et Bismarck, Andrassy, Waddington, pour ne citer que les principaux ne voulaient pas lâcher la bride à des gouvernements à peine formés, et inexpérimentés, sans avoir dans la main un frein puissant, capable de tempérer leurs ardeurs. Seule, la Russie, par reconnaissance, et surtout pour garder et augmenter si c'était possible sa prépondérance et sa popularité incontestées à Sofia et l'Angleterre au nom des principes, d'un libéralisme assez vague mais très en honneur à Londres, en réalité pour se réconcilier dans la mesure du possible avec les populations danubiennes, dont sa politique avait contrecarré jusque-là les aspirations, et en profiter dans l'avenir, admettaient l'une et l'autre, d'accord pour cette fois, la suppression définitive des capitulations dans la principauté, suppression énergiquement repoussée par la majorité des diplomates pour des raisons que nous avons énumérées tout à l'heure.

Voici, d'après le procès-verbal de la séance du 25 juin 1878, de quelle façon et à la suite de quelles discussions le problème fut enfin tranché contre la Bulgarie et en faveur des grandes puissances à la fois juges et parties intéressées dans un débat de cette sorte.

« Sur le cinquième alinéa, le comte Schouwaloff, « s'arrêtant aux mots : les capitulations et les usages, « demande la suppression du mot usages comme « trop vague et pouvant donner lieu à des abus. Lord « Salisbury et le comte Andrassy consentent à cette « radiation. M. Desprez dit qu'il est de notoriété « que les capitulations sont insuffisantes, rudimen- « taires et n'ont donné que les principes généraux « de la juridiction et de la protection consulaires. « Les usages sont le complément nécessaire des « droits stipulés dans les traités. M. Desprez en cite « des exemples et regarde utile de maintenir le mot « usages. Le comte Schouwaloff répond qu'il ne « s'agit ici que de la Bulgarie et rappelle que la Rou- « manie n'a pas tenu compte des usages depuis qu'elle « a développé ses institutions judiciaires. Lord Bea-

« consfield ne croit pas nécessaire de s'expliquer en « ce moment sur les capitulations qui sont encore « l'objet de diverses négociations, il ne faudra pas « les sauvegarder, si elles sont inutiles : il y aurait « lieu sans doute de leur donner une forme addi- « tionnelle dans le cas contraire, mais l'expression « de son excellence est qu'elles sont destinées à dis- « paraître. Après ces déclarations, le congrès con- « serve le dernier alinéa de la proposition des trois « puissances en y ajoutant la phrase suivante : tant « qu'ils n'auront pas été modifiés du consentement « des parties intéressées. »

Karathéodory-Pacha, délégué turc, devait dire le dernier mot et donner la moralité de cette discussion: ce fut une assurance de plus donnée à l'Europe, touchant les dispositions de la Porte et sa docilité ; une reconnaissance publique des capitulations à la face du monde par le gouvernement qui les supportait : « Karathéodory-Pacha, ajoute le procès-verbal, dit « qu'au surplus, sauf les quelques points sur les- « quels le congrès pourrait apporter des modifica- « tions, l'état des choses existant dans les autres « parties de l'empire en ce qui concerne les traités « et les conventions, restera appliqué dans la Rou- « mélie Orientale. »

La Roumélie et la Bulgarie restaient donc, au point de vue spécial des capitulations, soumises au même sort et identifiées au reste de l'empire turc.

C'est cette situation que constatait le traité de Berlin, résumant tout ce qui précède dans son article 8, qui libellait ainsi sa souveraine volonté : « Les « immunités et les privilèges des sujets étrangers, « ainsi que les droits de juridiction et de protection « consulaires tels qu'ils ont été établis par les capi- « tulations et les usages, resteront en pleine vigueur, « tant qu'ils n'auront pas été modifiés du consente- « ment des parties intéressées. »

Ce sont les événements eux-mêmes, que ne peut mener à son gré la diplomatie la plus avisée, qui sont venus donner tort à cette conception d'une Bulgarie rétrécie, avec une Roumélie à gouvernement séparé et autonome. Il y avait trop d'intérêts communs, trop d'affinités de mœurs et de races entre les deux pays, — ici et là on parlait la même langue, — ici et là, on avait eu les mêmes espoirs ; — ici et là les mêmes illusions. L'union avait pu être retardée, elle n'était qu'ajournée: elle devait se faire.

Le mouvement unioniste commença sourdement dès le lendemain du congrès de Berlin, — après que la commission européenne, chargée d'exécuter pratiquement les décisions de celui-ci, eut enlevé aux intéressés leur dernière lueur de confiance, dans la possibilité de reviser la sentence souveraine rendue par les assises européennes. Des sociétés de gymnastique armées se fondèrent, ayant à leur tête un comité central composé de MM. Eiloff, Loudskanoff et Velitchkoff. MM. Jankouloff et Guechoff furent, de leur côté, envoyés à travers l'Europe, pour aller porter aux chancelleries l'écho des doléances rouméliotes et des plaintes bulgares. Leur mission demeura vaine : du moins excita-t-elle de vives sympathies et suscita-t-elle à la cause nationale bulgare d'ardents défenseurs. Aleco-Pacha Bogoridi fut, à cette époque, nommé par la Turquie, gouverneur de la Roumélie : il y demeura cinq ans, jusqu'au 17 mai 1884, et avec sa souplesse grecque, ne se montra pas hostile aux aspirations de la province qu'il gouvernait ; tous les directeurs et tous les préfets à deux exceptions près furent bulgares, et leur choix, malgré les protestations de la Porte, fut maintenu. A l'occasion de l'élection de la chambre, les citoyens furent laissés libres et envoyèrent à Plovdif, comme il fallait s'y attendre, une majorité écrasante de Bulgares (31 Bulgares, trois Turcs et deux Grecs). En même temps, les sociétés de gymnastique prenaient un essor nouveau, comptaient 20.000 adhérents, s'occupaient ouvertement de politique, au point que la Porte, justement inquiète, demanda et obtint leur licenciement. Elles se transformèrent aussitôt et fondèrent leurs contingents dans les milices communales, avec l'assentiment du commandant de celles-ci, le général Strecker; elles continuèrent de cette sorte leur propagande, en lui donnant une allure presque officielle.

Cette propagande devait s'égarer un instant. Le prince Alexandre de Battemberg était peu populaire en Bulgarie ; ses adversaires politiques, parmi lesquels Karaveloff, exilés par lui, se réfugièrent en Roumélie, y fondèrent un journal, le *Nesavissimost*, et présentèrent comme possible, défendirent la candidature d'Aleco-Pacha comme souverain des Bulgaries-Unies. L'influence de leur parti un instant prépondérante ne tarda pas d'ailleurs à diminuer et les Rouméliotes divisés se rapprochèrent pour faire triompher leurs espérances sans s'arrêter sur les noms rivaux de telles ou telles personnalités adverses. Cependant la faction russe, et la faction antirusse, cette dernière patronnée et protégée ouvertement par Aleco-Pacha, continuèrent à troubler le pays ; et lorsque les pouvoirs du gouverneur arrivèrent à leur terme, l'influence de Saint-Pétersbourg à Constantinople parvint à faire remplacer Aleco-Pacha par M. Krstewitch. La nomination ne pouvait pas arrêter le mouvement national qui se préparait : les partisans de l'union immédiate dont l'organe principal était le journal la *Borba* préparèrent la révolution ; des sociétés secrètes innombrables, admirablement organisées, en rendirent l'exécution facile et le 17 septembre 1885, la troupe fraternisait avec les paysans révoltés à Plowdiff. M. Krstewitch devait s'incliner devant les faits accomplis, contre lesquels il ne pouvait d'ailleurs plus rien, et l'union de la

Roumélie à la Bulgarie était proclamée au milieu des acclamations enthousiastes de tout un peuple en délire.

La nouvelle de ces événements troubla profondément l'Europe. La Russie elle-même, si favorable pourtant à la Bulgarie, mais blessée depuis quelque temps déjà par les symptômes d'indépendance envers elle que manifestait le prince Alexandre blâma ouvertement la tentative violente faite par la Roumélie qui blessait gravement les conventions arrêtées au congrès de Berlin et réserva son approbation. L'Europe imita la Russie, ne reconnut pas ouvertement le fait accompli, mais le toléra : les Bulgares n'en demandaient pas davantage...

Par la suite, certains se sont appuyés sur les incidents que nous avons brièvement rapportés, pour prétendre que la Bulgarie était — de par ces incidents même, — débarrassée de toutes ces capitulations. Puisque, disaient-ils, l'acte final du congrès de Berlin a été violé sans même que les signataires de cet acte aient protesté, il tombe tout entier avec les charges diverses qu'il comportait. Une telle opinion se retrouve à plusieurs reprises dans la presse anglaise. Le raisonnement prêtait plutôt à rire mais les Bulgares prenaient trop facilement leurs désirs pour des réalités : l'Europe ne songeait pas à abdiquer des droits qu'elle considérait encore comme nécessaires et les Bulgares ne lui firent pas partager leur opinion.

Avant comme après les événements de 1885, l'Europe exerce les privilèges que lui confèrent les capitulations, avant comme après la Bulgarie et la Roumélie demeurent soumises à leurs exigences. Une révolution ne suffit pas pour faire tomber l'existence et le respect des traités, leurs obligations et leurs conséquences.

CHAPITRE II

Sources, développement, histoire des capitulations.

Une question se pose tout d'abord : quel est le domaine, quelle est l'étendue des capitulations dans la principauté de Bulgarie ? A cette question la réponse sera simple et nous l'avons déjà faite dans le précédent chapitre. On peut dire que toutes les capitulations en vigueur en Turquie au moment du congrès de Berlin sont demeurées les mêmes après que la principauté eut été détachée de la Sublime Porte. Toutes ces capitulations ont gardé leur force d'autrefois, ont survécu, appuyées sur des coutumes déjà séculaires et des conventions antiques remontant à l'ancienne monarchie ; elles ont survécu, disons-nous, aux régimes écroulés, aux trônes effondrés, à toutes les crises et à toutes les révolutions, conservées par l'Europe où tout change, à l'usage de cet Orient où rien ne bouge, comme figé et cristallisé en une forme définitive à l'abri du progrès et des civilisations.

Il n'entre pas dans le plan de ce travail d'étudier ces coutumes si nombreuses et parfois si confuses et ce sera à grands traits, en s'en tenant aux lignes maîtresses, aux points saillants, aux arêtes vives, que nous esquisserons en quelques lignes rapides cet édifice puissant et compliqué des capitulations auquel chaque âge a apporté son tribut et sa pierre, telles ces monstrueuses cathédrales sans unité de conception ni de style, qui ont mis mille ans à se construire et ont gardé l'empreinte de dix siècles consécutifs, depuis les soubassements jusqu'aux clefs de voûte : des tranches d'histoire superposées, une genèse en granit de vingt générations d'hommes.

Longtemps la société chrétienne étroite et fermée de l'Europe féodale du moyen âge avait vu dans le Turc l'infidèle, c'est-à-dire l'ennemi commun, différent par sa race et par ses mœurs des peuples catholiques comme il en différait par sa religion, conquérant altier et à demi-barbare qui menaçait cette chrétienté tout entière d'une destruction absolue, résultat d'un asservissement total. Longtemps tous les royaumes nés sur les débris monstrueux de l'empire carolingien, unis par cette origine quelque peu commune et surtout par le péril commun, avaient lutté contre le Croissant au nom de la croix, et contre Mahomet au nom du Christ.

Il fallut les rivalités naissantes des jeunes couronnes d'occident, à peine émancipées après les luttes intestines et les guerres civiles, et l'apparition timide encore mais pourtant puissante de l'idée de nationalité, dominant et remplaçant peu à peu l'idée de religion, pour modifier cette coalition permanente, tacite, et supérieure à tous les conflits particuliers, ce lien qui existait entre les fils de l'Église, prenant leur mot d'ordre à Rome, contre les peuplades toujours conquérantes et parfois féroces du Kalife-sultan, souverain au temporel comme au spirituel et concentrant entre ses mains le double prestige de grand empereur et de grand pontife.

La France et l'Allemagne ayant pris conscience d'elles-mêmes, avaient pressenti du même coup les causes du conflit pendantes entre elles deux, dans ces plaines merveilleuses du Rhin et des Flandres : elles inauguraient avec l'aurore du XVIe siècle une lutte de quatre cents ans qui n'est pas résolue aujourd'hui encore. Cette lutte trouva son expression dans deux monarques : l'un François Ier, le souvrrain léger, frivole et courageux à la façon chevaleresque des romans d'aventure; l'autre, Charles-Quint, Allemand par son père, et par sa mère Espagnol, et qui réunit dans un effort démesuré et presque surhumain la couronne du Saint-Empire romain germanique à celle de l'Aragon et des Castilles, tenant la Flandre d'une main, le Milanais et Naples de l'autre ; tandis que des aventuriers merveilleux allaient lui conquérir dans des mondes nouveaux et vierges un autre empire si prodigieux qu'il dépasse l'imagination et la laisse interdite.

Le duel entre ces deux hommes fut long et terrible ; il eut ses alternatives et ses retours de fortune : il remplit de son fracas l'histoire de toute cette époque.

Par tradition et aussi comme fils aîné de l'Église François Ier prince chrétien, avait longtemps vu dans le Turc, l'infidèle et l'ennemi séculaire. Jamais ses prédécesseurs ne s'étaient résignés à abdiquer cette idée profondément ancrée dans l'esprit du temps jusqu'à devenir un principe strict de droit des gens féodal ; et tout au plus Louis XII avait-il signé avec le sultan d'Égypte Quanson Ghouri, par l'intermédiaire de Philippe de Parès, notre premier consul à Alexandrie, en 1510, un traité quelque peu nébuleux et vague, qui contenait pourtant en germe l'esprit des capitulations futures.

La nécessité, plus forte que l'idée religieuse elle-même, le danger pressant, la coalition d'Henri VIII et de Charles-Quint devaient réduire François Ier à se rapprocher de Constantinople, d'abord en secret, comme en cachette, avec un sentiment de honte inavouée, puis ouvertement, en mettant bas les masques, au grand jour des chancelleries et au grand scandale des diplomates ; en 1534, Jean de la Forest, chevalier de Saint-Jean de Jérusalem, était officiellement accrédité auprès du sultan et ce fut le cardinal

Duprat, prince de l'Église, qui rédigea, par une ironie des choses, les premières instructions qui aient jamais été données à un ambassadeur chrétien auprès du commandeur des croyants : celui que l'histoire a décoré du nom prestigieux de Soliman le Magnifique. Ce sultan dont le règne présente l'apogée de l'islamisme, et le dernier effort, le plus puissant aussi, de la civilisation orientale contre la chrétienté, flatté dans son orgueil de conquérant et heureux, après avoir effrayé l'Europe par la marche triomphante de ses invasions, de négocier avec elle et de devenir un facteur politique dans les combinaisons des couronnes d'occident, en jetant, sur le plateau de la balance, le poids de sa redoutable épée, accepta les avances du chef des Francs ; un an plus tard en 1535 était signée entre la Turquie et la France la première capitulation. C'était une brèche ouverte au flanc du droit des gens féodal à allures théologiques : on peut faire remonter à cette date la première manifestation du droit international public moderne.

Le texte du traité qui accompagnait cette première capitulation de 1535 est inconnu : mais les capitulations qui l'accompagnaient faisaient de la France la protectrice avouée et en quelque sorte officielle de tous les étrangers résidant en Orient, sans distinction, et il n'est pas douteux que dès cette époque le commerce chrétien du Levant se soit accompli à l'abri du pavillon français, sous le contrôle direct de nos représentants en Turquie : sauf pour les marchands de Venise et de Florence, dont les métropoles possédaient elles aussi des consuls aux Echelles par suite de l'importance déjà ancienne de leurs relations, avec la côte de l'Asie Mineure et avec Constantinople où les deux républiques italiennes avaient fondé depuis longtemps des colonies et des comptoirs, même avant l'arrivée des Turcs en Europe, et depuis la prise de Constantinople par les Croisés, lors de la création de l'empire latin de Byzance. Ce fut donc la France qui concentra entre ses mains toute l'activité commerciale de la mer Égée et de l'Archipel, au profit des ports nouveaux qui grandissaient sur la côte méditerranéenne de la métropole. Son influence a laissé des traces profondes et indélébiles dans ces parages et aujourd'hui encore, quelque diminuée et partagée que soit cette influence, la grandeur des souvenirs que nous avons laissés est telle, si vivante et si jeune malgré son éloignement, que les étrangers de nationalité, de langue, de mœurs diverses, sont connus de Smyrne à Stamboul et sur tous les marchés mahométans sous le nom générique et bien caractéristique de Francs : notre pavillon a marqué ainsi par cette expression vulgaire l'importance glorieuse et incontestée de son passage triomphal et de sa domination.

Cette politique, si brillamment inaugurée par François Ier, si frappante par son originalité hardie, si féconde en résultats considérables, fut continuée travers le XVIe siècle tout entier tant par Henri II que par Charles IX, avec une rectitude de conduite entièrement conforme à nos intérêts : elle ne se démentit pas une minute. En 1569, au plus fort des guerres de religion, Claude du Bourg renouvelait encore nos anciens privilèges à la suite de difficultés intervenues entre un certain juif Miquez et la France, agrandissait encore notre rôle en l'affirmant une fois de plus.

Mais déjà les scrupules effarouchés qui avaient accueilli les premières coquetteries de François Ier et de Soliman s'étaient effacés en Europe : la Réforme avait étouffé et desséché sous son vent d'indépendance et de doute bien des dogmes de scolastique, bien des illusions de foi naïve et peu à peu à la parole de Luther, de Calvin et plus tard de Machiavel, la politique égoïste des temps modernes remplaçait la fraternité chrétienne du moyen âge ; l'idéal se rétrécissait en s'abaissant et l'intérêt de chacun, devenant de jour en jour supérieur à l'intérêt de tous, faisait disparaître celui-ci dans l'éloignement définitif de l'histoire.

L'Espagne, les républiques italiennes, les nations riveraines de la Méditerranée ne parlaient plus d'excommunication pour la France, elles la jalousaient au contraire pour la situation prépondérante qu'elle exerçait en Orient et qui s'augmentait chaque jour d'un titre de plus jusqu'à devenir exclusive, — même pour le secours efficace qu'elle apportait au commerce chrétien des Échelles, grâce à la double autorité de son nom et de son drapeau. Ces États cherchaient des avantages analogues, cherchaient surtout à détruire un monopole qui blessait leur amour-propre plus encore que leur intérêt, — leur prestige plus encore que leur commerce, tendaient à partager avec nous les résultats d'une diplomatie avisée et tenace, sans en avoir supporté les dangers et le poids.

En 1558 les Génois, en 1562, en 1574, en 1578 les Florentins, — déjà cependant plus qu'à moitié dégagés de notre tutelle, — tentèrent d'avoir eux aussi leurs consuls ; eux aussi leurs pavillons, leurs capitulations et leurs traités. Enfin la république de Raguse, tributaire de la Turquie, obtint pourtant le droit, grâce à la faveur du grand-vizir, d'avoir un consul à Alexandrie, et le pavillon ragusais flotta dans l'archipel à côté du nôtre malgré les inutiles protestations de notre ambassadeur François de Noailles et ses appels à son gouvernement : les guerres civiles qui déchiraient alors la France retenaient ailleurs l'attention royale et l'absorbaient tout entière. Mais telle était encore, malgré l'anarchie intérieure, notre prestige en Orient, que Sébastien Juyé, envoyé spécial francais près de la Porte, aidé en cela par la jalousie toujours en éveil de Venise, parvenait une fois de plus à faire repousser les prétentions sans cesse rejetées et sans cesse renouvelées de Florence, malgré le sultan lui-même, favorable à cette république, dans un moment de caprice souverain.

Ce fut, à cette époque, notre dernier succès diplomatique à Constantinople ; la lutte était d'ailleurs inégale: trop de rivalités puissantes, de menées souterraines nous menaçaient de toutes parts et en 1579, malgré les efforts de notre ambassadeur, M. de Germigny, grâce aux présents somptueux de la reine Élisabeth et aux intrigues du marchand anglais Guillaume Harébone, l'Angleterre recevait de la Porte la promesse d'un traité de capitulation.

Le but de la France dans cette situation critique fut de rendre cette promesse illusoire et d'en détruire les effets.

L'ancienne splendeur qui demeurait attachée à la personne de nos ambassadeurs, les souvenirs récents encore de l'époque où la France, seule des nations chrétiennes, avait exercé le rôle de haute protectrice sur le négoce européen du Levant, rendaient notre influence sur le sultan et son entourage malgré tout prépondérante et redoutable, grâce aux précédents qui la fortifiaient.

S'appuyant sur Venise, dont les intérêts étaient identiques aux nôtres, notre diplomatie entraîna contre la politique anglaise soutenue par les Ragusais cette rivalité souterraine, toute de corruption et de ruses, propre au pays de l'orient. Elle eut des alternatives d'échecs et de succès : en 1581 M. de Germigny, notre ambassadeur, parvenait à enlever de haute lutte le renouvellement de nos capitulations ; par celles-ci le monopole absolu de notre pavillon sur tout le commerce chrétien de l'Archipel, même fait par des navires anglais, était solennellement consacré. Mais l'année suivante, par un revirement brusque, habituel à la cour capricieuse de Constantinople, Guillaume Harebone, ce marchand britannique dont nous avons parlé et dont les intrigues ne se décourageaient pas, était accrédité auprès du sultan avec le titre officiel d'ambassadeur ; en 1583 les engagements pris en 1579 recevaient leur exécution : l'Angleterre obtenait à son tour un traité de capitulations, s'affranchissait de notre bannière et reprenait sa personnalité propre et envahissante, longtemps tenue en échec par la nôtre.

C'était le premier pas fait par les puissances rivales pour s'affranchir de notre suprématie ; c'était surtout un exemple offert aux jalousies toujours en éveil des républiques italiennes et des nations ennemies qui supportaient avec peine notre domination justifiée cependant par les services d'autrefois, rendus par nous, sans compter, un siècle durant.

Aussi la mauvaise humeur de la France fut-elle évidente et se montra-t-elle en quelque sorte officiellement par des manifestations publiques : le successeur de M. de Germigny, Lancosme, obéissant aux lettres pressantes d'Henri III, refusa de reconnaître le titre de Harebone, et, de ce chef, d'entrer en relations avec lui, et si Henri IV se résigna à accepter le fait accompli il n'en continua pas moins à contrecarrer par tous les moyens possibles les efforts de l'Angleterre. Celle-ci, d'ailleurs, une fois installée dans la place, cherchait déjà à nous supplanter et à hériter de notre situation, qui demeurait, malgré tout, de premier ordre, même après de tels accidents : amoindrie sans doute, mais toujours redoutée grâce à la grandeur des souvenirs qu'invoquait la France lointaine mais respectée dans l'esprit des musulmans.

Ce fut contre cet envahissement que se concentrèrent tous les efforts des ambassadeurs français : M. de Brèves d'abord, M. de Gontaut-Biron, baron de Salignac, ensuite. L'Anglais sir Thomas Glauwer prétextant les rapports d'amitié et les similitudes d'intérêts qui unissaient sa patrie à la Hollande et à la Flandre, tenta d'acquérir à notre détriment, à force d'arguties et d'audace, la clientèle de ces deux pays. En 1605, M. de Salignac obtenait la promesse du grand-vizir, illusoire puisqu'elle était verbale, que les Anglais ne toucheraient en aucune façon aux droits de la France ; mais en 1606, grâce aux cadeaux faits aux conseillers favoris du sultan et peut-être au sultan lui-même, Glauwer reprenait d'un seul coup un avantage inattendu et faisait ranger la protection du commerce hollandais sous le pavillon britannique. Cette fois, la France protesta officiellement : le conflit prit une tournure aiguë. M. de Salignac menaça le grand-vizir des canons et des armées du roi très chrétien et des représailles françaises. Devant de telles menaces que notre auréole en Orient rendaient plus terribles, le grand-vizir prétendit avoir été outrageusement trompé par la perfidie de l'Angleterre, feignit une vertueuse et apparente indignation, rejeta sur une équivoque le succès obtenu par Glauwer, mit en demeure celui-ci de renoncer à ses privilèges. Bref, Glauwer dut s'y résigner et l'Angleterre, après quelques hésitations, voyant ses intrigues percées à jour et d'ailleurs gouvernée par l'indolence prétentieuse autant qu'ignorante de son nouveau souverain Jacques Ier se retira devant nos réclamations loyales dont nous nous déclarions prêts à soutenir la légitimité par tous les moyens. Sir Glauwer dut accepter purement et simplement la radiation de l'article de son traité incriminé par la France, suppression qui, quelques jours plus tard (1607), était reconnue et confirmée dans des capitulations nouvelles qui nous étaient accordées. Malgré tout, l'année suivante, sans se lasser, les Anglais réclamaient une fois de plus la protection du commerce flamand et hollandais et s'en emparaient de fait sinon de droit, en imposant à la crédulité facile à surprendre des musulmans que les Provinces-Unies faisaient partie de leur domaine territorial.

Ainsi les hostilités continuèrent entre les deux puissances occidentales rivales, sourdes mais sans trêve, avec des revirements et des retours subits, des surprises de chaque jour, une âpreté mutuelle, un acharnement réciproque qui puisait ses principaux moyens d'action dans les influences occultes et quelque peu mystérieuses de palais et de harem : histoire intéressante au premier chef, poignante par moment et qui mériterait qu'on s'y arrêtât avec plus d'attention si sa complexité même, ses mille détails, ses innombrables recoins d'ombre ne la rendaient étrangement longue et compliquée et par conséquent presque indéchiffrable dans ce court exposé, dans ce résumé de quelques pages.

D'ailleurs le commerce flamand et hollandais, cause de difficultés sans cesse renaissantes, résolues parfois en apparence, jamais apaisées, allait bientôt mettre d'accord, au moins à son sujet, la double diplomatie anglaise et française, en s'échappant à l'influence de toutes les deux.

Après des luttes héroïques, les Pays-Bas, à force de persévérance et de sacrifices, étaient arrivés à secouer le joug espagnol impatiemment supporté. L'insurrection des Gueux soutenue par une nationalité puissante en ressources, active, au commerce prospère et à l'énergie indomptable malgré les efforts de Philippe II, du prince Farnèse, le meilleur de ses lieutenants,et des vieux bataillons espagnols qui passaient pour invincibles, avait triomphé de tous les obstacles ; le drame avait été long, et avait eu ses scènes tragiques ; mais la mort d'Egmont, la ténacité des patriotes épris d'indépendance, attachés à leurs franchises communales antiques et respectées comme à une religion ancestrale, avaient enfin porté leurs fruits ; et l'éloignement de l'Escurial d'où le fils de Charles-Quint du fond de son cabinet de travail, sombre et redoutable, avait mené largement la politique de l'Europe, la mort de celui-ci, la faiblesse de Philippe III son successeur, incapable d'embrasser, comme son père, d'un regard, d'une conception et d'une pensée son immense empire, tout cet ensemble de causes avait contribué à hâter la solution du conflit, solution d'ailleurs dès longtemps prévue. En 1609 les États généraux des Provinces-Unies pouvaient signer avec une légitime fierté un traité de paix par lequel la cour d'Espagne reconnaissait l'existence internationale de celles-ci, l'expansion hollandaise longtemps comprimée prenait dans le monde un essor nouveau; des colonies merveilleuses et lointaines se fondaient aux Indes Occidentales ; les vaisseaux du jeune État sillonnaient les océans, ses marins recevaient le nom significatif de rouliers des mers, et en 1662, comme résultat de cette situation incontestée, les Hollandais recevaient à leur tour des capitulations du sultan, installaient des consuls dans les Échelles et un ambassadeur à Constantinople.

Dès lors les défections se multiplièrent : en 1606 l'empereur d'Allemagne, Mathias, signait à Situa-Torok, après une guerre presque ininterrompue d'un siècle, la paix avec la Turquie ; en 1617 des lettres patentes accordaient aux sujets allemands et autrichiens le droit de commercer sous leur bannière nationale ; en 1680 les Hollandais renouvelaient leur traité d'une façon plus précise encore, enjoignaient à leurs marchands de n'avoir d'autre étendard que le leur propre ; en 1664 le marquis Durazzo venait représenter auprès de la Porte la république de Gênes; en 1666, il était officiellement accrédité. L'Angleterre n'était pas étrangère à ces atteintes portées sans cesse à notre autorité, elle y applaudissait et les préparait sournoisement dans l'ombre. Voyant qu'elle ne pouvait pas hériter de notre influence, elle préférait, par jalousie, la ruiner au profit des autres puissances, quitte à ne retirer de son jeu aucun avantage personnel et immédiat.

Louis XIV à cette époque, occupé par sa politique continentale, par des guerres sans cesse renouvelées et qui prenaient plus d'ampleur à mesure que les prétentions et l'orgueil du grand roi devenaient plus menaçants pour l'existence des couronnes occidentales, voyant son horizon rétréci par des obstacles prochains, se dressant aux frontières voisines, perdait un peu de vue les intérêts plus lointains, mais si importants, et par cela même si contestés, de la France dans les pays d'Orient.

Sans doute, les instructions d'Hugues de Lionne à M. de la Haye, envoyé comme ambassadeur en Turquie, protestaient en termes assez vifs contre les capitulations octroyées aux Anglais et aux Hollandais, et violant ouvertement l'esprit comme la lettre des capitulations françaises; mais c'était protester en vain et pour la forme contre les faits depuis longtemps acquis et sur lesquels il était étrangement superflu de revenir, puisqu'une sorte de prescription leur était assurée par des précédents de toutes sortes. A la même époque, par une ironie des hommes et des choses, les Génois, comme nous l'avons vu plus haut, obtenaient à leur tour le droit de cité officiel à Constantinople.

Aussitôt M. de la Haye menaçait formellement et un peu à la légère, de se retirer avec tous les résidents français, espérant obtenir satisfaction immédiate et éclatante par ce moyen d'intimidation : ses menaces demeuraient d'ailleurs inefficaces et il n'en restait pas moins à son poste. C'était un recul doublé d'une humiliation : les Turcs le comprirent, en éprouvèrent de la joie et le prestige de la France en fut profondément atteint; nos nationaux furent maltraités, notre commerce battu en brèche et pour remédier à cette situation désastreuse en tous points, mais qu'expliquaient assez les lourdes fautes commises, Louis XIV envoyait spécialement en Orient, M. de Noirtel, pour les renouveler en les rajeunissant une fois de plus, les conventions précédentes et les antiques parchemins.

Celui-ci parla d'abord haut et ferme et ne demanda rien moins que le retour intégral aux premières capitulations ; il réclamait pour la France le droit exclusif de battre pavillon dans l'Archipel ; il demandait pour elle, au nom de la tradition, l'hégémonie du commerce, avec la clientèle chrétienne tout entière étroitement groupée autour de son drapeau. De pareilles exigences se rencontraient déjà, nous l'avons vu, dans les instructions données à M. de la Haye : elles étaient excessives, blessaient le droit des gens et constituaient un flagrant anachronisme.

On était en 1670 : le duc de Beaufort, cousin du roi, quelque peu chevalier errant depuis la Fronde, aventurier princier de haut vol, romanesque et fou, venait avec l'aveu tacite de Louis XIV, qui voyait là un moyen d'employer au dehors une énergie quelque peu turbulente, de partir pour la Crète avec des allures de croisé pour porter secours aux chrétiens opprimés.

La Porte en avait éprouvé un mécontentement très vif : elle voyait à juste titre dans l'expédition projetée la main de la France ; elle repoussa donc et non sans quelque hauteur les prétentions de M. de Noirtel au sujet du traitement à faire subir aux nations ennemies dont les droits acquis constituaient autant de titres éminemment respectables. La négociation se traîna pendant trois ans : elle devait finir une fois de plus par le triomphe au moins partiel de la France ; l'article 6 de la convention du 5 juin 1673 nous donnait un droit exclusif de protection sur les étrangers non officiellement représentés à Constantinople ; mais une fois de plus, aussi, en 1675, l'ambassadeur anglais signait avec la Porte un traité qui nous refusait ce droit accordé solennellement la veille. La politique de bascule et d'alternatives continuait, érigée en système et mise à l'ordre du jour.

Dans le courant du XVIIIe siècle la personnalité en tous points remarquable d'un ambassadeur français, le marquis de Villeneuve, allait rendre, pour un moment, à notre pays une situation de premier ordre ; il allait jouer un rôle politique habile autant qu'avisé en Orient, très approprié aux circonstances, se glisser entre les partis en présence, les diviser et en profiter.

En 1718, l'Autriche victorieuse des Ottomans après une longue guerre, avait signé le traité avantageux de Passarovitz. Après avoir débordé jusqu'à Vienne, trente années plus tôt dans une marche en avant, assiégé cette ville que devait seul sauver l'héroïsme de Sobieski et menacé l'existence de la chrétienté tout entière, dans cet effort suprême et inattendu de fanatisme conquérant, les Turcs refoulés déjà au traité de Carlowitz avaient vu, à la suite des retentissantes victoires du prince Eugène, cette défaite devenir définitive et irrémédiable pendant l'époque suivante où s'était dressée en face de leur puissance déjà ébranlée, la puissance rivale mais déjà formidable dans sa sauvagerie même de la Russie et de Pierre le Grand. La Turquie devait commencer dès lors cette décadence invincible qui n'est pas consommée aujourd'hui encore mais dont la marche fatale ne s'est pas arrêtée une heure. Les caprices tout puissants et le plus souvent puérils et désordonnés de sultans autocrates, l'amollissement dans une vie sédentaire et pacifique des anciennes peuplades à demi disciplinées, belliqueuses et nomades, qui avaient peu à peu, dans le repos et dans le bien-être, désappris la guerre, l'administration supérieure de l'empire ouvertement dissolue où la concussion était devenue un moyen de gouvernement, les intrigues et les factions de palais, les révolutions de harem et par conséquent l'instabilité absolue des pouvoirs publics, les assassinats, les complots, les conspirations militaires des janissaires, allaient rendre cette décadence rapide autant que profonde et précipiter l'empire turc dans l'anarchie préliminaire des effondrements définitifs.

En 1718, les Impériaux avaient renouvelé les capitulations accordées cent ans plus tôt à l'empereur Mathias : c'était le moment précis où la catastrophe de Law, après avoir donné un brusque coup de fouet à notre commerce, le paralysait brusquement aussi dans son essor : et le pavillon autrichien avait paru à côté du nôtre dans la mer Égée. Mais l'Autriche n'était pas seule ; elle avait entraîné après elle tous ses clients, tous ses États satellites, sujets ou vassaux, morcelés, répandus à travers toute l'Europe sans cohésion et sans lien que l'Espagne d'une part, l'empire de l'autre, remorquaient péniblement à leur suite depuis Charles-Quint : Naples et la Sicile et avec elles toute l'Italie où l'influence autrichienne demeurait la plus forte, grâce aux bataillons de reitres, répandus à travers la péninsule et excitant par leur présence le respect ou la crainte du Saint-Empire et de son chef.

En 1737 la Suède à son tour, malgré les récents désastres de Charles XII, s'affranchissait de notre tutelle, en 1740 les Deux-Siciles. Vingt ans auparavant le marquis de Bonnac, diplomate français, avait essayé en vain de faire affirmer de nouveaux droits : la Porte, par les moyens dilatoires où elle excellait si bien, avait éloigné indéfiniment sans l'écarter absolument toute idée de capitulations nouvelles et notre commerce ainsi assiégé de tous côtés n'avait pas tardé à diminuer, s'éparpillant de plus en plus entre des mains sans cesse plus nombreuses.

C'est alors que survint le marquis de Villeneuve. Il savait que les grandes crises sont favorables aux projets hardis et qu'à la faveur de bouleversements profonds on peut reprendre d'un seul coup des droits depuis longtemps abandonnés, des intérêts et des usages tombés en désuétude et frappés d'oubli.

Il avait su attirer à lui, dès les premiers mois de son séjour à Constantinople en 1730, le Capitan Pacha, Djanum Codjea. Une confiance réciproque n'avait pas tardé à s'établir entre ces deux hommes qui partageaient les mêmes ressentiments, caressaient les mêmes projets, entrevoyaient les mêmes lointaines espérances. Ennemis déterminés l'un et l'autre de l'Autriche Villeneuve et Djanum-Codjea devaient s'entendre et dans leurs conversations souvent familières et intimes le premier poussait le second à la guerre contre les deux Empires autrichien et moscovite. Il lui rappelait les succès récents remportés par ceux-ci contre les Turcs, les humiliations subies, les territoires perdus, le prestige abaissé ; il promettait tout bas et mystérieusement la neutralité bienveillante de la France et peut-être sa médiation décisive à l'heure propice. Bref ces encouragements secrets ne tardèrent pas à porter leurs fruits : la lutte reprit après une paix boîteuse qui n'était qu'une trêve ; elle dura jusqu'à

1740, avec des alternatives de fortune diverses, jusqu'au jour où les Turcs, dans une pointe hardie, apparurent devant Belgrade que leur avait arraché le traité de Passarowitz ; assiégèrent étroitement la ville, prêts à se répandre à nouveau, semblait-il, à travers les opulentes plaines hongroises du Danube, vers Pesth ou plus loin encore, entraînés par le mirage des villes occidentales et riches, jusqu'à Vienne peut-être, qu'ils avaient jadis, aux heures de conquête, effleurée plus d'une fois de leurs mains tendues sans arriver à la saisir.

C'est alors que Villeneuve, quittant Constantinople en médiateur, revêtu de la double autorité redoutable d'ambassadeur de France et de plénipotentiaire turc ajoutant à la splendeur que lui conféraient déjà ces deux titres prestigieux celle d'un luxe oriental bien fait pour frapper et pour conquérir les imaginations mahométanes ; se dirigea lentement vers Belgrade, pour y décider souverainement et sans appel de la paix et de la guerre. Jamais peut-être à travers l'histoire, notre politique n'avait eu d'aussi fructueux, d'aussi magnifiques résultats, jamais notre rôle en Orient n'avait été plus large, n'avait eu tant de véritable grandeur et n'avait plané d'aussi haut.

La paix que le marquis de Villeneuve sut arracher à l'Autriche était trop avantageuse pour le sultan pour que celui-ci ne s'en montrât pas reconnaissant pour notre pays. Cette paix rendait les territoires jadis perdus à Passarowitz, elle relevait surtout l'âme musulmane abattue par les récents désastres et prompte à se décourager comme à s'exalter. D'ailleurs de tels résultats ne furent pas pour la France seulement honorifiques; ils eurent une conséquence immédiate dès longtemps prévue par Villeneuve et que sa diplomatie habile avait su réaliser : quelques mois tout au plus après le traité de Belgrade le sultan, par gratitude, renouvelait à la France les capitulations longtemps menacées par des rivalités envahissantes.

Les capitulations de 1740 furent à proprement parler les dernières jusqu'à aujourd'hui. Une fois encore un article spécial donnait à notre pays, à l'exclusion de tout autre, la protection du commerce chrétien dont les gouvernements n'avaient pas de représentants accrédités à Constantinople (art. 32 et 38) et l'activité dévorante de Villeneuve, rendit, quelques mois du moins, ce droit théorique, une réalité. Bientôt les malheurs, les hontes nationales accumulés, les déceptions de la guerre de la Succession d'Autriche malgré ses brillants faits d'armes, la guerre de Sept Ans surtout, ses échecs lamentables, le triomphe définitif de l'Angleterre, l'abdication de notre négoce entre ses mains, la perte de nos colonies admirables, et plus que tout cela l'apathie coupable de Louis XV, l'incapacité flagrante de ses ministres, les coteries et les cabales de cour, les secrets d'une diplomatie souterraine aux mains de courtisans et de petits maîtres, allaient réduire à néant de si nos nobles et de si généreux efforts. Du moins est-ce assez qu'ils aient laissé leur trace profonde et indélébile dans l'histoire.

Ce fut précisément au lendemain même des succès que nous avons rapportés que notre influence un instant reconquise allait sombrer de nouveau et cette fois pour toujours. On ne tarda pas à considérer la France comme un pays à l'esprit charmant, à la littérature exquise, mais à la décadence assurée ; on ne la respecta plus dès qu'on eut cessé de la craindre ; et elle de son côté prit à tâche, semble-t-il, dans cette période, de consacrer son effacement en essayant de se faire oublier sur la scène diplomatique du monde.

Les résultats d'une pareille politique ou plutôt d'une pareille absence de politique ne tardèrent pas à se faire sentir, en Orient surtout, où les souvenirs mêmes de notre ancienne hégémonie étaient intolérables à nos rivaux.

En 1756, le Danemark, la Prusse devenue redoutable grâce à l'énergie de son grand roi, en 1761 ; en 1781 l'Espagne et la Russie en 1785 reçurent successivement, et à notre détriment, des capitulations identiques aux nôtres et avec ces capitulations le droit d'avoir un ambassadeur permanent auprès de la Sublime Porte. Déjà, en 1747, le sultan autorisait les villes hanséatiques à commercer sous la bannière de l'empereur d'Allemagne et à la même époque Louis XV occupé à agir en roi et non en marchand se préparait à signer à Aix-la-Chapelle une paix sans profit après une guerre sans objet. Dans cette débâcle de notre autorité morte, dans cet effrondrement de notre dignité défunte, il ne nous resta rien — triste consolation — que la grandeur d'inoubliables souvenirs.

Du moins, la France aurait-elle pu conserver à son commerce dans les pays du Levant une situation de premier ordre : les ports de la côte méditerranéenne de Marseille à Cette et à Toulon étaient, pour cela, des centres d'activité tout désignés. Cette situation allait être aussi compromise et après avoir perdu une clientèle autrefois nombreuse, nous allions perdre encore la position personnelle que les siècles précédents nous avaient acquise. La Révolution en fut la cause. Les troubles intérieurs qu'elle occasionna, les coalitions qui se succédèrent et attirèrent à la frontière du Rhin et des Alpes l'énergie nationale tout entière, l'ostracisme odieux dont nous frappa l'Europe occupée à maintenir l'édifice vermoulu de l'ancien régime qui menaçait ruine de toutes parts et aussi à se garer de la fièvre d'indépendance et de liberté qui avait secoué la France d'un long frisson généreux, avant toutes choses, la jalousie irréductible de l'Angleterre désireuse de capter à son profit toutes nos sources de richesse ne tardèrent pas à nous paralyser à travers le monde et à ruiner notre commerce des Échelles. Bientôt même nous n'eumes plus qu'un ambassadeur à Constantinople, sans mandat désigné et fixe, sans instruction précise du dehors et les capitulations devinrent lettres-mortes, tandis que nos nationaux abandonnés par la mère-patrie, occupée à sauver son existence même, cherchaient aide et protection auprès des autres consuls européens pour faire respecter leurs biens et leurs vies. L'expédition d'Égypte rendit les rapports entre la France et la Turquie plus tendus encore et pendant quelques mois aucun résident chargé de défendre nos intérêts ne demeura à Constantinople. D'ailleurs le mouvement des marchandises françaises était si restreint, notre décadence s'était tellement accentuée que son rôle eût été insignifiant et presque ridicule à force d'être amoindri jusqu'à n'exister plus.

L'empire sembla vouloir réveiller de cette torpeur notre existence commerciale. Napoléon tenté par le mirage oriental jetait sans cesse sur la Turquie mystérieuse des regards de curiosité et de convoitise. Il se rappelait combien cette nation d'énigme et de songe, ce monde mulsuman, l'avait séduit lors de la campagne d'Égypte, tandis qu'il voyait par delà l'Euphrate et le Gange, l'Inde l'appeler comme jadis Alexandre et les grands conquérants de l'antiquité. Sa politique conserva toujours — quinze ans durant — l'empreinte de ce séjour en Orient et jusqu'au dernier jour l'empire turc fut son objectif et le but inavoué de sa pensée envahissante : il dirigea donc ses efforts constants vers le Bosphore, essaya de rendre à la France dans ces pays reculés sa splendeur passée, remit les traités en vigueur et sut les faire énergiquement respecter. Il fit plus, le fils de la Révolution était attaché plus que personne à la tradition qui, vivante, l'aurait chassé de son trône : il se disait héritier et continuateur de la monarchie et le rôle que la France protectrice avait joué dans les mers de l'Archipel, dès la fin du moyen âge, ne lui avait point échappé. Des conquêtes prodigieuses après de prodigieux triomphes lui avaient donné, comme à Charlemagne jadis, une série d'États suzerains. Le commerce de ces États : l'Italie, l'Espagne, la Hollande, il voulut qu'il soit fait comme jadis sous pavillon français et pendant quelques mois, il fit revivre ce rêve que condamnait la réalité. Ce fut un éclair et quand l'empereur tomba, quand le congrès de Vienne eut essayé d'effacer d'un trait de plume vingt-cinq années de révolutions et de guerres triomphales pour revenir à l'ancien régime condamné, toutes les capitulations accordées par l'empire ottoman furent remises en vigueur après 1815, comme avant 1789.

Elles le sont restées depuis ; elles sont devenues

peu à peu la charte des pays chrétiens en Orient. Au cours de ce siècle, les quelques nations qui n'en étaient pas pourvues, les ont tour à tour sollicitées et obtenues de la Porte : en 1823 ce fut la Sardaigne, en 1830 les États-Unis, la Belgique en 1838, le Portugal en 1843. Aujourd'hui la clientèle de la France est réduite à la Suisse tout au plus. Après avoir joué un rôle gigantesque et exclusif au point d'exciter les rivalités les plus violentes et les jalousies les plus àpres, elle a vu ce rôle diminuer peu à peu et elle n'est maintenant qu'une unité perdue parmi beaucoup d'autres, honorable sans doute, mais non prépondérante et principale.

Avant de terminer cet exposé rapide nous allons essayer de résumer en quelques lignes, l'attitude adoptée par la France à travers les siècles dans l'histoire et le développement des capitulations. Lorsque l'Europe voyait encore dans le Turc l'ennemi commun et l'infidèle contre lequel avaient combattu les croisés, et lorsque cette Europe tout entière en hostilité sur toutes questions, ne tombait d'accord que sur une seule, l'alliance contre le croissant et Constantinople, la France eut le grand honneur, la première, de compter la Turquie comme un élément politique au même titre que les autres puissances : elle se rapprocha donc d'elle, l'associa à ses luttes et en tira profit. Il y avait en effet dans le Levant une mine de commerce admirable, des richesses inexploitées et des débouchés merveilleux : la France naissait alors comme nation, elle avait échappé aux crises atroces du moyen âge et son activité débordante avait besoin d'un emploi. Elle jeta les yeux sur l'Orient et put monopoliser à son profit tout le commerce qu'on y pouvait faire ; en même temps avec une habileté merveilleuse, en avance sur son siècle, tout entière au progrès, elle se déclara la haute protectrice de tous les chrétiens qui faisaient du négoce, dans les Échelles, elle leur imposa sa bannière, sut se rendre indispensable, et se fit reconnaître l'habitude prise comme un droit acquis.

La jalousie de l'Angletere et des républiques italiennes devant la grandeur d'une situation pareille chercha dès lors à hériter de nos efforts : une longue lutte également acharnée de part et d'autre en fut le résultat ; elle eut des alternatives imprévues, des retards subits, elle est faite d'intrigues, de menées souterraines, elle dura plus d'un siècle. L'Angleterre y triompha, et non contente d'avoir droit de cité en Turquie, d'y envoyer des ambassadeurs et d'y déployer son drapeau, elle voulut nous remplacer, prendre la clientèle que nous avions gagnée avec nos services et notre sang ; elle réussit seulement à enlever à notre influence plusieurs des nations européennes sans se les inféoder. Cependant, à plusieurs reprises, par l'habileté de ses ambassadeurs, par le prestige qu'elle exerçait, la France reprit encore d'un coup le terrain perdu jusqu'au jour où des crises intérieures auxquelles s'ajoutèrent des guerres gigantesques vinrent détourner son attention de l'Orient. Elle dut se résigner à abandonner alors une importance passée qu'elle ne pouvait plus soutenir. D'ailleurs autour d'elle les États prenaient de plus en plus conscience d'eux-mêmes, de leur dignité et de leur force, ils supportaient avec peine la tutelle de la France ; dès lors il eût été imprudent ou odieux de les y contraindre ; une protection se demande, elle ne s'impose pas. La France dut céder. — Malgré tout, le grand passé qu'elle évoque lui donne, même encore aujourd'hui, une situation sinon supérieure, du moins un peu particulière et spéciale ; elle a conservé la protection nominale des sujets chrétiens de l'empire ottoman et le nom de franc — nous l'avons vu — est resté pour les musulmans synonyme d'européen. Elle a jadis montré la voie à l'Europe et si elle n'est plus seule dans le chemin qu'elle a tracé et ouvert, c'est bien assez déjà de s'y être engagée la première ; à trois siècles de distance la civilisation occidentale lui doit, à ce titre, sa gratitude émue et son éternelle reconnaissance.

CHAPITRE III

État actuel des capitulations dans l'empire ottoman et plus spécialement en Bulgarie.

Le but des capitulations — quelles qu'elles soient — nous l'avons vu, réside avant tout, dans la protection des divers étrangers domiciliés sur le territoire ottoman, ou sur les fractions de ce territoire détachées par les guerres et les révolutions, et dans lesquelles les traités les ont maintenues. Nous avons vu aussi, au début de cette étude, que les capitulations appliquées à l'empire turc, étaient, — de par ce principe et d'après le texte même de l'acte final du congrès de Berlin (art. 8) — identiquement observées dans la principauté nouvelle de Bulgarie qui demeurait jusqu'à nouvel ordre soumise à toutes leurs exigences diverses. Les capitulations d'ailleurs, sauf dans des points de détail, sont les mêmes pour les divers pays d'Europe et les États-Unis d'Amérique : consenties à des époques et pour des motifs variés elles consacrent cependant les mêmes droits, et étudier les unes est par le fait même étudier les autres.

Nous nous en tiendrons donc à l'examen très bref des capitulations françaises qui ont d'ailleurs servi de modèle à toutes celles que, depuis, la diplomatie européenne a arrachées à la faiblesse du sultan et de ses ministres...

Les capitulations, nous le savons, remontent à l'année 1740 et au marquis de Villeneuve : elles ont été complétées depuis par l'édit de 1778, par l'ordonnance royale du 3 mars 1781, par la loi du 28 mai 1836, sur la juridiction consulaire, les traités turco-français du 25 juin 1802, du 25 novembre 1838, du 29 avril 1861, et enfin, à travers tout le XIXe siècle par d'innombrables règlements de toutes sortes, expliquant des points restés obscurs, délimitant et dégageant des droits, envoyant à nos agents, nos ministres ou nos ambassadeurs des instructions détaillées et précises sur tels ou tels faits particuliers insuffisamment éclairés par les textes et non prévus par eux. C'est ainsi — nous le verrons par la suite — que dans beaucoup de cas, les usages ont peu à peu, sous l'empire des circonstances, dérogé aux traités jusqu'au jour où ces usages ont été officiellement reconnus ou admis soit par un accord avec la Turquie, soit plus simplement encore par décret émanant des diverses métropoles et enjoignant aux consuls ou aux délégués de celles-ci de s'y conformer désormais.

Tout cet ensemble passablement enchevêtré, sans cesse modifié, il est vrai sur une base commune et *avec des fondements communs, porte sur des points* divers que nous allons passer en revue les uns après les autres en insistant sur les principaux.

Le plus intéressant de tous, le seul principe dont les effets soient en réalité demeurés sévèrement en rigueur dans la principauté bulgare, celui qui a été la cause de contestations multiples sans cesse renouvelées, peut se résumer ainsi : de quelles juridictions relèvent les étrangers établis sur territoire turc ou bulgare, en cas d'ation civile de délit ou de crime ? Occupons-nous tout d'abord du point de vue pénal.

Ici le droit commun en usage dans les divers pays de l'Europe est absolu et ne souffre pas d'exceptions : toute contravention, tout délit ou tout crime commis par un étranger sur le territoire d'un État souverain rend cet étranger justiciable des tribunaux de cet État. Cette règle a été gravement modifiée par les capitulations.

En cas de crime ou de délit commis par des étrangers en Turquie vis-à-vis d'autres étrangers, une seule autorité, un seul tribunal sont compétents : l'autorité, le tribunal consulaire du pays d'origine de ceux-ci. Tel est le principe consacré, pour la France, par l'article 15 de la capitulation de 1740 : « S'il arrivait quel-
« que meurtre ou quelque autre désordre entre les
« Français, leurs ambassadeurs et leurs consuls en

« décideront selon leurs us et coutumes, sans qu'aucun « *de nos officiers (turcs) puissent les inquiéter à cet* « égard. » Nous distinguerons tout à l'heure dans la pratique les crimes proprement dits, des simples contraventions et des délits, au point de vue de la marche et des formalités de l'instruction: mais avant d'aller plus loin, il est nécessaire, en quelques mots très brefs, de définir les tribunaux consulaires, d'analyser leur composition et leur importance.

Les tribunaux sont présidés par les consuls, assistés eux-mêmes de deux assesseurs choisis par lui parmi les notables nationaux de la ville où le tribunal en question fonctionne. Les assesseurs prêtent serment entre les mains du consul et ont voix délibérative dans toutes les affaires quelles qu'elles soient pouvant se présenter à la barre dudit tribunal.

Si, par hasard, pour cause d'empêchement majeur, il est impossible au consul de trouver parmi ses nationaux deux notables présentant des garanties suffisantes il pourra exceptionnellement s'adresser à des étrangers ou même juger seul s'il lui était impossible d'agir autrement. Dans toutes ces hypothèses le rôle de greffier et celui de notaire sont joués par le chancelier du consulat, qui prête lui aussi serment préalable entre les mains du consul avant d'exercer les fonctions que lui confèrent ce rôle.

Ceci admis, une nouvelle question se pose. Nous avons vu qu'en matière de crimes ou de délits commis entre Français par exemple, c'était en principe le tribunal consulaire français qui seul était compétent. Lorsque ce crime ou ce délit aura été perpétré par un Français contre un étranger de nation différente de celle du coupable, l'usage en l'absence des textes décide ici encore que ce tribunal sera compétent.

Enfin lorsque la victime est indigène le coupable était à l'origine justiciable de la juridiction turque, mais dans les conditions de garanties édictées par l'article 65 de la capitulation de 1740 déjà citée : « Si « un Français ou un protégé de la France commettait quelque meurtre ou quelque autre crime et « qu'on voulût que la justice en prît connaissance « les juges de mon empire et les officiers de justice « ne pourront y procéder qu'en présence de l'am« bassadeur et des consuls ou de leurs substituts, « dans les endroits où ils se trouveront ; et afin qu'il « ne se fasse rien de contraire à la justice et aux capi« tulations impériales, il sera procédé de part et d'au« tre avec attention aux perquisitions nécessaires. »

Bientôt cette disposition qui attribuait d'une façon formelle aux tribunaux ottomans la juridiction des crimes ou délits dirigés contre la personne ou le bien des musulmans, devait tomber à son tour dans l'oubli. Cette dernière prérogative laissée à la justice du sultan en matière pénale disparut des usages, en fait, tout en subsistant en droit et aujourd'hui, tout Français passible d'une peine quelconque prévue dans le Code n'a qu'un juge : son consul, qu'une loi : celle de son pays. Le privilège est d'ailleurs partagé à l'époque actuelle par tous les étrangers quels qu'ils soient, domiciliés dans le Levant.

Nous nous en sommes tenu jusqu'ici à des considérations générales, nous avons posé des principes, nous allons maintenant entrer dans la pratique et succinctement indiquer la marche de l'instruction usitée en Orient devant les juridictions consulaires; la forme de procédure très simplifiée à l'usage de ces juridictions et faisant du consul à la fois notre juge de paix, notre juge d'instruction et notre président de tribunal correctionnel.

Ce triple rôle lui est explicitement reconnu par la loi de 1836. Jusqu'à cette époque en effet la capitulation de 1740 ainsi que l'édit de 1778 qui en complète les détails de procédure, étaient demeurés les seuls textes en vigueur à ce sujet. Les révolutions s'étaient succédé, l'ancien régime s'était effondré et avec lui les vieux usages parlementaires compliqués et disparates, souvent puérils, la France s'était donné des codes, avait aboli les règles surannées, les pratiques ondoyantes remplacées par des lois tracées d'une main plus ferme et donnant aux prévenus des garanties moins illusoires, sans que, dans les pays d'Orient, des règlements nouveaux aient modifié dans leur ensemble, les coutumes capitulaires et, avec elles, la façon de faire arbitraire et expéditive des consuls : ceux-ci agissaient en réalité à leur guise, à peine contrariés dans leur arbitraire par des parchemins poudreux et rares dont les indications de mise un demi-siècle plus tôt, présentaient au commencement du XIXe siècle autant de flagrants anachronismes. Il en résultait une anarchie véritable, des flottements continuels qui mettaient en grand danger l'autorité, la dignité des consuls français et rendaient cette autorité illusoire ou trop sévère. Une réforme urgente s'imposait, et la monarchie restaurée en 1815 sut le comprendre : dès 1826 un projet de loi était déposé sur le bureau des deux Chambres traitant de cette matière délicate. La Chambre des pairs l'approuva, mais des événements intérieurs de plus en plus graves et enfin la révolution de juillet empêchèrent l'adoption définitive de ce projet qui ne vit jamais le jour. Il fut repris cependant, très modifié, mais très reconnaissable encore et inspiré par les mêmes préoccupations en 1833 et 1834 ; il aboutit enfin en 1836.

Dans la lecture du rapport que M. Parant fit à ce sujet le 19 février 1836, celui-ci donnait à la réforme sa véritable raison d'être et la mettait au point en quelque sorte quand il disait en parlant de l'Orient : « L'instrument à l'aide duquel la justice était rendue

« à l'occasion des crimes commis sur le sol de la « domination turque, étant brisé, on se trouva sans « moyens de répression. »

C'était justement à une situation aussi déplorable que remédiait la loi nouvelle : sans doute elle maintenait dans leur ensemble beaucoup des dispositions de l'édit de 1778, mais elle les rajeunissait, les adaptait aux circonstances, et les transformait en les élargissant et en les élevant.

« Sont abrogés, les articles 39 et suivants, jusques et y compris l'article 81 de l'Édit de 1778 ; » ainsi s'exprimait le texte de cette loi; en réalité, cet édit était le plus souvent paraphrasé, éclairci, le fond restait le même à travers la transparence de l'expression plus ferme, avec seulement quelques simplifications heureuses, supprimant telle coutume inutile, ou telle règle superflue.

Suivant la nature des infractions, et s'inspirant en ceci d'ailleurs du Code pénal français, trois degrés de juridiction réunis et confondus dans la personne du consul étaient soigneusement établis et délimités avec soin. En matière de contraventions simples, le consul joue le rôle de nos juges de paix, il juge seul et après avoir édicté lui-même des règlements de police dans la colonie, avec des pénalités pour les contrevenants, par une sorte de confusion des pouvoirs, il est chargé d'assurer l'exécution de ces règlements, de les faire respecter et d'en punir la violation dans un jugement rapide, et sans instruction préalable, sur simple audition de témoins à l'audience.

En ce qui concerne les délits, ils sont jugés par le tribunal consulaire constitué de la façon que nous avons précédemment décrite : le consul président assisté de deux assesseurs avec le chancelier jouant le rôle de greffier. Nous avons indiqué plus haut dans quelles conditions étaient choisis ces deux assesseurs ; nous ajouterons seulement ici, pour mémoire, qu'ils sont désignés pour une période d'un an parmi les notables résidant dans le ressort du consulat.

Enfin dans l'état actuel de la législation française en Orient, les crimes commis par nos nationaux sont déférés à la première chambre et à la chambre des appels correctionnels de la Cour d'Aix. Mais même dans ce cas, le rôle du consul demeure encore considérable et il remplace en Orient le juge d'instruction en France. Cette instruction à distance, à Aix par exemple, serait impossible ou du moins forcément incomplète ; elle enlèverait au prévenu beaucoup des garanties essentielles de la défense : des témoins pourraient être difficilement entendus, des confrontations, des reconstitutions loin du théâtre du crime présenteraient des complications insurmontables ; des informations, des points de détail ne seraient jamais éclaircis dans l'ensemble, en un mot il manquerait à cette instruction toute garantie vraiment sérieuse. Aussi se fait-elle sur place, d'après les prescriptions de la loi de 1836 et le consul en est-il chargé.

D'ailleurs la loi de 1836 se contentait simplement de préciser à ce point de vue les ordonnances antérieures de l'ancien régime. Les juges français seront appelés à se décider à Aix sur la simple lecture de procès-verbaux, relatant aussi exactement que possible les dépositions ; — il faut donc, étant donné la gravité de ce fait, que les procès-verbaux soient les interprètes fidèles jusque dans les nuances, les reflets exacts de tous les actes de l'instruction, puisqu'ils suppléent aux débuts publics et oraux des assises, et que le verdict rendu à 500 lieues de l'endroit où ils auront été rédigés sera basé sur eux seuls et après examen attentif de leur contenu. La cour d'Aix en effet ne citera aucun témoin, n'en entendra aucun, elle se contentera de se faire une religion, d'après les procès-verbaux en question, dont l'exactitude minutieuse est abandonnée aux soins du consul juge d'instruction. Dès lors pour arriver à un résultat aussi précis, le consul sera soumis à la formalité du recollement : il devra lire avec soin à tout témoin le procès-verbal de sa déposition, lui demander s'il y persévère, si telle ou telle expression, telle ou telle phrase n'ont pas dépassé sa pensée ; il invitera ce témoin à y introduire tous les changements qu'il jugera bons, ou plus conformes à l'exacte expression de sa pensée.

De plus le prévenu devra être confronté avec chaque témoin, reconnu formellement par lui ; il devra entendre la lecture de toutes les dépositions faites contre lui ou en sa faveur ; il pourra préciser tel point demeuré obscur, insister sur tel autre et faire poser à ce sujet par le consul des questions nettes et claires au témoin. Enfin ce prévenu a la faculté absolue de se faire assister d'un consul qui peut même lui être imposé d'office par le consul, si celui-ci le juge bon.

On comprend sans peine quelle situation est taillée à ce consul en matière de crime et quelle responsabilité lui incombe. C'est lui qui codifiera les éléments épars de cette instruction et qui après les avoir réunis, les enverra en France aux magistrats chargés de statuer sur le fond, c'est lui qui citera les témoins ; à la fois ministère public et juge d'instruction, lui qui décidera les confrontations, présidera aux débats publics en quelque sorte dont la cour d'Aix se contentera seulement de tirer les conclusions par son jugement. Cette instruction terminée, le tribunal consulaire se réunit et décide en connaissance de cause si le fait reproché au prévenu est un délit ou un crime. Dans le premier cas il garde l'affaire par devers lui et juge sur le fond ; dans le second seulement jouant ici le rôle de la chambre des mises en accusation de nos cours d'appel, il la renvoie devant la cour d'Aix pour que celle-ci statue dans les conditions que nous venons d'indiquer.

Telles sont les attributions consulaires en matière pénale. Nous allons étudier maintenant ces attributions au point de vue civil, mais avant d'aborder cette seconde partie il nous faut brièvement rapporter quelle situation est faite aux consuls en ce qui concerne l'expulsion. Nous avons indiqué plus haut qu'en matière de police le consul faisait les règlements dans sa colonie et qu'il était chargé du même coup en matière de contravention d'appliquer les sanctions qu'il avait lui-même édictées. Il y a plus, s'appuyant sur l'article 82 de l'édit de 1778 l'usage a donné sans réserve au consul, sur ses nationaux un droit absolu d'expulsion. Un de ces nationaux cause-t-il du désordre ou du scandale, est il une raison de trouble, ou compromet-il le bien général et l'intérêt de tous et de chacun, le consul a le droit de le faire saisir et de l'envoyer en France, sans prendre conseil de personne. Cette tolérance exorbitante est une atteinte grave portée à la souveraineté turque: le principe de droit international est encore ici absolu ; le droit d'expulser de son territoire tel ou tel étranger est le monopole exclusif de l'État où cet étranger se trouve de passage; cet État a seul le droit de disposer de la faculté d'expulsion, il est seul arbitre des raisons qui la déterminent : la Turquie s'est vu dénier par les capitulations cette appréciation laissée à l'initiative des consuls étrangers. Bien plus, il semble toujours d'après les capitulations que les gouvernements qui sont soumis à leur régime ne conservent même pas la possibilité d'expulser un étranger se livrant contre ces gouvernements à des attaques directes sans en avoir préalablement référé au consul de l'intéressé.

Ce point est moins sûr et plus controversé, nous le discuterons juridiquement plus loin à propos d'une difficulté diplomatique intervenue entre la France et la Bulgarie : l'affaire Chadourne.

La faculté d'expulser ses nationaux quand il le juge bon n'en est pas moins laissée au consul et si à l'origine cette faculté pourrait s'expliquer, elle s'explique moins aujourd'hui. En effet, sous l'ancien régime, tous les résidents des Échelles devaient être agréés par la Chambre de commerce de Marseille et fournir une caution de leur moralité ; ils étaient catalogués en quelque sorte et ils s'engageaient implicitement à n'être la cause d'aucun scandale ou d'aucun désordre ; par le fait même une sorte de contrôle était exercé sur eux et ils ne pouvaient s'y soustraire. Cette situation ne semble plus être conforme à nos principes modernes de liberté individuelle et si l'ancien régime autoritaire et monarchique pouvait l'admettre, l'état nouveau aux inspirations d'individualisme égalitaire devrait le repousser au nom même des principes dont il se flatte de procéder.

Néanmoins la loi de 1836 a maintenu les dispositions intégrales de l'édit de 1778; à ce sujet la cause de cette dérogation aux principes dont nous parlions tout à l'heure peut s'expliquer sinon se justifier par la situation spéciale et toujours délicate propre au pays de fanatisme musulman. La défiance, la haine de l'étranger y sont à ce point exaspérées, qu'elles se font jour brutalement et sans raison souvent pour un fait isolé qui surexcite les passions toujours en éveil et prètes à éclater terriblement : un assassinat, un défi, une provocation de la part d'un résident étranger suffisent parfois à faire courir à toute la colonie chrétienne les plus grands périls et peut-être est-il nécessaire aujourd'hui encore que le consul puisse à son gré expulser un de ses nationaux coupable d'un attentat ou d'une imprudence, pour éviter des représailles souvent sanglantes d'un peuple exalté doublement par le mysticisme politique et religieux. Néanmoins le pouvoir discrétionnaire laissé au consul français d'expulser à sa guise et sans contrôle, tel ou tel des nationaux de son ressort n'est pas aussi complet pour tous les agents européens ; le consul italien ne peut prendre aucune mesure d'expulsion sans avoir préalablement réprimandé une fois celui qui en est l'objet, et il devra en tout état de cause en référer à son tribunal consulaire qui devra donner un avis conforme; le consul anglais doit lui aussi communiquer la sentence d'expulsion justifiée avec pièces à l'appui, au juge supérieur de Constantinople dont dépendra la solution, et ne rien faire sans l'avis motivé de ce dernier. Mais ces exceptions elles-mêmes ne diminuent pas beaucoup la faculté d'appréciation laissée aux divers agents consulaires, et de pareilles formalités ajoutent des garanties bien illusoires à la liberté individuelle et au respect de la personnalité civile dans ces pays où l'arbitraire est de mise et semble la conséquence immédiate et comme naturelle des mœurs, des coutumes et des lois.

Indiquons en passant qu'une des conséquences de ce droit de police, si largement mis aux mains de nos consuls en Orient, est de supprimer pour la France toute nécessité de traité, d'extradition avec la Turquie. Un assassin, son crime commis, se réfugie-t-il en Turquie, le consul peut le faire saisir et le livrer à la justice française sans demander l'avis préalable des autorités turques, et si on les avertit, c'est par pure courtoisie ou pour réclamer leur concours : telle est cette conséquence immédiate du droit d'expulsion que la Cour de cassation reconnaissait dans son arrêt du 18 décembre 1858 ainsi conçu : « Il serait contraire à l'esprit des capitulations que nos nationaux rendus justiciables de nos consuls pour crimes et délits commis dans toutes les Échelles du Levant, pussent à l'égard de crimes commis en France, obtenir un droit de protection et d'asile sur cette portion de territoire étranger, qui, par la volonté du souverain du pays, a été soumise à la justice française. » Un tel corollaire de la faculté d'expulsion donnée à nos agents diplomatiques en Orient a été appliqué bien des fois.

Telle est — d'après les capitulations — la situation des consuls au point de vue pénal ; telle est leur importance en matière de police et d'expulsion, Mais là ne se borne pas leur rôle, ils en ont un autre tout aussi considérable, et dont les applications pratiques sont plus fréquentes encore : il ne suffisait pas de mettre à l'abri de l'arbitraire turc, et des façons d'agir expéditives de la justice ottomane, la personne des étrangers, il ne fallait pas seulement arracher à la loi élastique du coran, nos nationaux prévenus ou même coupables, un autre devoir, et non le moindre, s'imposait à la sollicitude gouvernementale des grandes puissances.

Elles devaient faire respecter aussi les intérêts commerciaux, les biens de leurs ressortissants et pour arriver à ce but elles devaient, si une contestation juridique s'élevait entre étrangers ou entre étrangers et indigènes, veiller à ce que le sort de ces intérêts ne soit pas porté devant des tribunaux partiaux et des juges faciles à stipendier. Or, dans les pays d'Orient, la justice vénale étant devenue une institution d'État véritable, publiquement avouée, sans possibilité de répression efficace, un devoir s'imposait à la diplomatie européenne : celui de sauvegarder la fortune des étrangers domiciliés en pays musulmans en les arrachant à la juridiction turque, pour les confier à une juridiction plus avisée, plus instruite et plus impartiale. Ici encore, cette juridiction sera la juridiction consulaire. Il s'agissait en effet d'une question de protection commerciale et nous avons vu que la préoccupation première qui avait présidé à la genèse même des capitulations les plus reculées, celles de François Ier et de Charles IX c'était précisément cette protection commerciale que nous retrouvons respectée à travers tous les traités jusques et y compris le dernier : celui de 1740.

Il est formel en effet : « S'il arrive quelque con- « testation entre Français, décide l'article 26, les « ambassadeurs en prendront connaissance et en « décideront selon leurs us et coutumes sans que « personne puisse s'y opposer » et l'édit de 1778, plus catégorique encore, va jusqu'à faire « expresse « défense aux sujets français de traduire leurs com- « patriotes devant les juges et autres officiers des « puissances étrangères à peine de 1.500 livres « d'amende. »

Le tribunal consulaire sera donc appelé à statuer en matière civile et commerciale. Quelle sera l'étendue de sa compétence ?

Ici encore nous nous en référerons à l'édit de 1778, article I, et nous verrons que cette compétence semble aussi large que possible au point de vue de toutes les affaires tant civiles que commerciales : « Nos

« consuls, déclare cet article, connaîtront en pre-
« mière instance des contestations de quelque nature
« qu'elles soient, qui s'élèveront entre nos sujets
« négociants, navigateurs et autres dans l'étude de
« leurs consulats. »

L'article est clair et précis par sa généralité même : dans le Levant les tribunaux consulaires remplaceront nos tribunaux de première instance et nos tribunaux de commerce et seront purement et simplement assimilés à eux. La clarté d'un pareil texte aurait dû imposer silence à toutes les interprétations restrictives et à toutes les difficultés juridiques. Il n'en a rien été ; certains jurisconsultes ont prétendu que les tribunaux consulaires ne devaient être compétents que pour les affaires urgentes et sommaires exigeant par le fait même une prompte solution, ils ont voulu réduire le rôle de ces tribunaux à leur strict minimum. D'autres, sans aller aussi loin, ont, sans raison aucune, tenté d'arracher à ces mêmes tribunaux telles ou telles affaires d'une nature particulièrement délicate : les questions testamentaires, la nullité des donations, les questions d'État ; mesures que rien dans la lettre pas plus que dans l'esprit de la loi ne pouvait justifier.

Nous ne nous arrêterons pas sur de telles discussions forcément oiseuses et que d'ailleurs la jurisprudence a unanimement condamnées dans une série d'arrêts motivés. La seule solution qui puisse être admise et qu'on ne conteste même plus aujourd'hui est celle-ci : les tribunaux consulaires sont en tout point identifiés aux tribunaux civils de première instance et aux tribunaux de commerce, toute réforme intervenant dans le fonctionnement de ceux-ci aurait par contre-coup une répercussion sur ceux-là ; les uns et les autres ont en quelque sorte une existence parallèle et liée tant en matière de compétence, qu'en matière d'appel ou de recours. Mais si cette compétence *ratione materiae* est fort simple en ce qui concerne les tribunaux consulaires, leur compétence *ratione personnae* se complique singulièrement et présente une série de difficultés, et de problèmes, que nous allons essayer par la suite d'exposer brièvement et d'élucider.

Une action en Orient peut être engagée au point de vue français de trois façons différentes : entre Francais, entre Français et étrangers, entre Français et indigènes. Nous allons les passer successivement en revue.

1° Si une contestation s'élève entre Français, en Orient, elle est portée devant le tribunal consulaire ainsi que l'indique l'article 26 de la capitulation de 1740 que nous avons cité plus haut. L'affaire sera appelée devant le tribunal consulaire dans le ressort duquel le défendeur aura sa résidence habituelle pour ne pas déroger à la vieille règle de droit : *actio sequitur forum rei*. Mais ici une distinction s'impose : s'il s'agit d'une difficulté commerciale à trancher, tout Français, même simplement de passage en Orient, pourra être appelé en justice devant le tribunal consulaire le plus voisin du lieu où la contestation aura pu s'élever. Un arrêt de la Cour d'Aix de 1862 le décide formellement; en matières civiles au contraire, matières dont la solution présente le plus souvent moins d'urgence que les matières commerciales, la jurisprudence semble exiger pour les tribunaux consulaires soient compétents, une résidence en Orient manifeste et d'une certaine durée pour le défendeur.

Une autre opinion soutenue par M. Dalloz est venue affirmer que les tribunaux en question n'étaient compétents que lorsque le demandeur et le défendeur étaient l'un et l'autre résidents dans un même ressort. Mais cette opinion, que rien dans la loi ne vient appuyer, ne saurait être acceptée contre l'adage antique que nous citions tout à l'heure et qui permet à toute personne attaquée en justice de l'être du moins devant la juridiction la plus proche de son domicile. Ajoutons que toutefois une faculté absolue est laissée aux parties en cause, en cas d'entente réciproque : le droit de porter toujours leurs différends devant les tribunaux de la Métropole; mais que tout jugement intervenu devant la juridiction consulaire est assimilé absolument à tout autre jugement rendu dans un prétoire français, et exécutoire au même titre dans le Levant comme en France et peut être, au même titre lui aussi, frappé d'appel dans les délais prévus par le Code civil français. L'importance de Marseille, centre commercial des relations avec les Échelles, a fait choisir la cour d'Aix, pour y porter les appels en question, à la suite des jugements rendus par nos consuls, et la procédure est la même dans ce cas que s'il s'agissait d'un arrêt intervenu en France dans un simple tribunal de première instance du ressort de cette cour.

Nous avons dit que nous nous occupions d'abord des différends survenus entre Français, et pourtant une autre catégorie d'individus, quoique non française, peut rentrer dans ce premier paragraphe : historiquement et à l'origine, nous l'avons vu, le rôle de la France, dans le Levant, avait acquis une ampleur telle que notre pays avait pris en main la protection de tous les chrétiens faisant le commerce dans les mers de l'Archipel ; notre bannière avait couvert pendant un temps, sans distinction, tous les marchands européens que tentait l'aventure lointaine et qu'attirait le prestige mystérieux du monde de l'Islam. Au XVIe siècle tous ces chrétiens avaient été confondus sous le nom générique de Francs, et les capitulations successives étaient venues tour à tour affirmer notre droit de nation tutélaire sur ces côtes lointaines non échappées encore à la barbarie des corsaires ottomans tolérés et souvent équipés par les soins de la cour de Constantinople. Nous avons vu que peu à peu, les gouvernements rivaux du nôtre et jaloux d'une situation que justifiaient les services rendus, avaient travaillé, de toutes les manières, à la détruire et que, deux siècles durant, une à une, les anciennes clientes de la France avaient repris leur liberté d'action, envoyé des consuls en Orient, et arraché à leur tour leurs capitulations et leurs traités. Mais si cette clientèle se rétrécissait en fait, la France conservait en droit sa situation prépondérante de protectrice sur les sujets de tous les États n'ayant pas encore d'agents accrédités auprès de la Sublime Porte : ces États, dans le cours de l'histoire, sont devenus de moins en moins nombreux ; et aujourd'hui on ne rencontre guère parmi les étrangers non français, rattachés cependant à notre influence, que les Polonais et les Suisses et aussi — cette catégorie de protégés nous est disputée aujourd'hui par des ambitions toujours en éveil, — les innombrables ordres religieux catholiques à quelque nationalité qu'appartiennent leurs membres.

Ces diverses classes d'individus qui composent encore notre clientèle affaiblie n'abdiquent pas leurs nationalités, ils la conservent au contraire intacte, mais ils sont soumis à la double juridiction civile et pénale du consul français, à toutes les formes de procédures que nous avons indiquées ; ils jouissent des mêmes droits, participent aux mêmes devoirs, sont tenus aux mêmes obligations et pour tout dire sont assimilés aux Français et font partie en quelque sorte du même groupement et de la même famille.

Jadis ces étrangers, pour jouir de ces droits, devaient être admis par la communauté chrétienne française des villes du Levant, mais depuis les modifications intervenues dès 1833 dans le régime consulaire, cette difficulté dernière a disparu et nos agents accueillent au même titre que nos nationaux tous les européens sans représentants officiels à Constantinople, sans appui dans ces villes mahométanes, encore à demi fermées à la civilisation et au progrès, aux mœurs étranges et rudes, aux lois absentes, aux coutumes étroites quand elles ne sont pas arbitraires : dernier vestige pour la France des splendeurs de son histoire glorieuse en Orient.

Nous avons vu quel principe était suivi lorsqu'une contestation éclatait entre Français et devant quelle juridiction elle était citée ; mais nous n'avons pas examiné quelle loi était applicable pour régler un conflit de cette sorte et quelle législation devait être mise en vigueur. Ici encore la réponse sera simple et formelle : une seule loi, une seule législation seront souveraines : la loi et la législation françaises. L'article 26, déjà cité, de la capitulation de 1740, ne laisse aucun doute à ce sujet : « Les consuls décideront (il s'agit des difficultés intervenues entre Français) selon leurs us et coutumes. » Telle est la théorie ; dans la pratique quelques modifications de détail sont apportées à cette règle dont la rigidité pourrait parfois dépasser le but et devenir nuisible. On ne peut faire abstraction absolue des mœurs orientales ou même des usages employés séculairement par les marchands du Levant ; on ne saurait négliger l'influence des milieux et ne pas tenir compte jusqu'à un certain point de coutumes respectables et dont on trouve la raison d'être dans la tradition et dans l'histoire. Il eût été imprudent autant que sévère de ne pas plier la loi française devant de telles exigences et de ne pas la faire disparaître parfois devant ces coutumes et usages. Cette nécessité a été dès longtemps comprise et consacrée à plusieurs reprises, dans des arrêts répétés et précis par la Cour de cassation elle-même.

Sans doute le consul ne jouira pas ici d'une latitude entière, il ne pourra jamais aller contre la loi française, admettre — sous prétexte d'usages, — des habitudes bizarres, appuyées sur des coutumes surannées et stériles; il ne devra appliquer celles-ci que quand elles seront vraiment vénérables et susceptibles d'être utiles en facilitant les rapports commerciaux ou en les simplifiant. D'ailleurs peu à peu, un certain stock de ces usages a pris droit de cité, et des arrêts sont venus leur donner peu à peu aussi, au nom de la jurisprudence, une sorte de consécration quasi-officielle. Nous allons citer rapidement quelques-uns de ces cas les plus usuels : en matière du taux de l'intérêt tout d'abord.

En France une loi postérieure au Code civil, celle du 3 septembre 1807, fixait en l'absence de conventions nettement exprimées par les parties, le chiffre de 5 0/0 comme taux d'intérêts en matière civile et celui de 6 0/0 en matière commerciale. Une loi récente a modifié ces dispositions et a abaissé ce taux à 4 0/0 pour toutes les matières civiles. Sous l'empire de la loi du 3 septembre 1807 l'article 1er s'exprimait ainsi : « L'intérêt conventionnel ne pourra excéder en matière civile cinq pour cent, ni en matière de commerce six pour cent le tout sans retenue. » A cet égard dans les pays musulmans de graves dérogations sont admises.

En Algérie déjà, pays à civilisation mahométane se rapprochant, à beaucoup de points de vue, de la civilisation turque, il avait fallu, par la force des choses et pour ne pas arrêter beaucoup de transactions et d'affaires, proclamer la liberté du taux de l'intérêt.

Les mêmes raisons rendaient nécessaire une même tolérance dans les Échelles et la cour d'Aix, s'appuyant sur une considération aussi équitable, a décidé à maintes reprises que le chiffre de 12 0/0 admis par la loi nationale turque et qui tomberait manifestement sous le coup de cette même loi de 1807 qui punit le délit d'usure, serait reconnu comme légitime, s'il avait été reconnu explicitement par les parties contractantes. Dans le cas contraire seulement, celui où le chiffre d'intérêt n'aura pas été stipulé dans le contrat, la loi de 1807 reprend tous ses droits et doit être appliquée dans toute sa rigueur par le consul.

Il en est de même pour la lettre de change. Le Code de commerce français entoure celle-ci tant dans sa confection que dans sa circulation d'une foule de garanties de toute sorte de fond et de forme. Dans la formalité de l'endossement par exemple, pour que cet endossement devienne translatif de propriété pour la lettre de change, il faut que la valeur endossée y soit exactement spécifiée ; une formule vague telle que : valeur reçue ou valeur vue ne suffirait en aucune façon et l'endossement serait dans ce cas de nul effet. A l'inverse dans les pays d'Orient les coutumes commerciales admettent ces formules vagues que nous citions tout à l'heure et les considèrent comme suffisantes ; l'endossement de la lettre de change se pratique en Turquie de cette façon sommaire et étant donnée l'importance de cet acte dans toutes les affaires, la minutie exigée par la loi française et pouvant s'expliquer dans notre pays devait paralyser et gêner les opérations, les rendre moins aptes à la circulation et par conséquent plus rares. Les tribunaux consulaires, dans ces conditions, et agissant dans un intérêt supérieur, ne tardèrent pas à admettre de pareilles dérogations au Code de commerce français et considérèrent les expressions de valeur reçue ou de valeur vue comme suffisantes. Un arrêt de la cour d'Aix du 24 mai 1838, bientôt suivi d'ailleurs d'une série de décisions semblables, vint donner raison à cette manière large et logique d'envisager une pareille question et aujourd'hui on ne saurait plus contester au commerçant français la possibilité d'endosser une lettre de change de la manière simplifiée que nous avons sommairement indiquée plus haut.

Enfin, à un troisième point de vue, il est arrivé d'une façon en quelque sorte officielle, grâce à l'autorité de la jurisprudence, que les habitudes orientales, dérogeant à la loi française, aient eu gain de cause devant les tribunaux consulaires et la cour d'Aix appelée à juger en appel. Le Code civil et le Code de commerce exigent pour certains contrats ou certains actes d'une importance spéciale une forme particulière et solennelle, la forme authentique par exemple. Chacun sait que les contrats de mariage entre autres actes doivent être faits par devant notaire avec un apparat extérieur réglé par le texte du Code ; le testament mystique doit également présenter des formalités spéciales et d'ailleurs compliquées. En Orient, au contraire, l'acte de mariage est considéré comme un contrat privé, traité entre les particuliers intéressés, sans le secours d'aucun officier ministériel quelconque ; les chrétiens établis en Orient n'agissaient pas autrement de temps immémorial et les soumettre à des pratiques souvent compliquées et bizarres aurait eu pour résultat de les rebuter : beaucoup de contrats de mariage auraient été nuls et de nul effet et des intérêts particuliers en grand nombre en auraient souffert. Il a été décidé que tout contrat de mariage même sous seing privé serait néanmoins valable dans les pays soumis aux capitulations. Il en est de même pour les autres actes que la loi de la Métropole décide solennels, lorsque les coutumes sont venues affranchir depuis des siècles les Français établis dans les Échelles des formes qui président à leur confection.

Cette méthode qui consiste à faire passer dans tel ou tel cas particulièrement important, la coutume locale avant la loi, n'est pas seulement française. Les lois consulaires italiennes, autrichiennes et prussiennes recommandent elles aussi à leurs agents de déroger dans leurs arrêts aux codes nationaux, quand un usage fortement enraciné, et dont les effets peuvent être vraiment utiles, est en contradiction avec ces codes et avec ces lois. La loi sarde du 15 août 1858, devenue la loi du royaume d'Italie, décide : « Les lois du royaume seront observées « dans tout ce qui n'aura pas été autrement réglé par « les traités, par les usages et par la présente loi. » L'idée se retrouve dans tous les règlements consulaires étrangers, en Angleterre par exemple, dans l'article 3 de l'Order in council du 30 novembre 1854 ; il y a en somme à ce point de vue entente absolue entre les diverses législations européennes et l'attitude des agents de nationalités diverses reste la même au point de vue que nous venons d'étudier.

Nous avons épuisé ainsi la première partie des attributions conférées aux consuls en matière civile : nous avons vu que leur rôle dans une contestation élevée entre Français était exclusif, nous avons délimité ce rôle, nous l'avons considéré sous toutes ses formes. Nous arrivons au second point de cette étude : que deviendra ce rôle en cas de contestation intervenue entre Français et étrangers d'autre nationalité ?

2° Contestations entre Français et étrangers. Il fut une époque où cette distinction était sans intérêt et sans importance ; lorsqu'au début des rapports du monde occidental avec l'Orient, la France sous l'impulsion des rois Valois et de leurs ministres représenta la chrétienté, elle eut pour protégés sans distinction tous les chrétiens, et ceux-ci furent justiciables de nos consuls. Nous avons vu que cette situation magnifique avait été peu à peu perdue, que notre influence avait reculé devant l'influence envahissante de nos rivaux et qu'il ne nous en restait aujourd'hui que des lambeaux. Nos consuls ne sont plus seuls en Orient, ils doivent compter avec leurs collègues accrédités par leurs gouvernements respectifs auprès de la Sublime Porte. Ici du moins pouvons-nous poser un principe absolu encore : les consuls seuls, français ou étrangers, seront compétents ; les juges turcs ne le seront jamais et l'article 58 de la capitulation de 1740 le décide formellement : « S'il « arrive que les négociants français aient quelque « contestation avec les négociants d'une autre nation « chrétienne, il leur sera permis, du consentement « et à la réquisition des parties, de se pourvoir par « devant les ambassadeurs, et tant que le demandeur « et le défendeur ne consentiront pas à porter ces « sortes de procès devant les pachas, cadis, officiers « ou douaniers, ceux-ci ne pourront pas les y forcer « ou prétendre en prendre connaissance. »

Mais si ce principe écarte d'une façon absolue la justice turque de tout conflit intervenu entre étrangers de nations différentes, il n'indique aucunement quel consul sera compétent : celui du demandeur ou celui du défendeur. Nous allons dégager de cette situation tout ce qu'elle comporte. La solution semble simple : en vertu du vieil adage bien connu : *actio sequitur forum rei*, c'est devant son propre tribunal que devra être traduit le défendeur. Celui-ci, qui peut être attaqué injustement, aura devant des juges qui seront ses compatriotes plus de sécurité et toutes les garanties désirables; de plus, s'il est condamné, l'exécution d'un jugement rendu par son tribunal national dont il aura été obligé de reconnaître la compétence par le fait même sera plus facile, plus expéditive et entraînera de moindres frais.

Mais, si, à première vue, une pareille solution semble réunir tous les avantages désirables, on ne tarde pas, dans un examen plus approfondi, à reconnaître que ce système soulève des inconvénients nombreux et des difficultés de natures diverses. Le Français défendeur poursuivi devant son tribunal national et, supposons-le, condamné par lui, n'est pas aussi protégé qu'on pourrait le croire : l'édit de 1778 donne en effet aux jugements rendus par les tribunaux consulaires français, force exécutive nonobstant l'appel, celui-ci fût-il intervenu en temps utile contre ces jugements. Sans doute l'exécution n'est que provisoire et tout rentre en état, au cas où, l'arrêt rendu en Orient est modifié par la cour d'Aix, mais cette exécution même provisoire, peut causer au Français condamné les préjudices et les dommages les plus graves, irréparables souvent. Il se trouve donc que cette mesure excellente en soi de poursuivre tout défendeur devant son tribunal consulaire a, pour les Français, étant donnée notre législation en Orient, ce résultat pour le moins étrange de causer parfois à nos nationaux des désagréments sérieux ; cette mesure qui semblait parfaite de prime abord, devient, dans certains cas, vexatoire et manque son but.

Mais cet inconvénient déjà appréciable, résultat de la règle antique contenue dans la vieille formule rapportée plus haut, n'est pas le seul; il en est un autre que nous allons résumer et analyser rapidement. Si une demande reconventionnelle se produit dans un conflit intervenu entre étrangers de nationalités diverses, une instance nouvelle se produit du même coup : par suite de cette procédure le demandeur devient en effet défendeur, et réciproquement le défendeur devient demandeur. Toujours comme conséquence de la règle : *actio sequitur forum rei*, le tribunal consulaire de ce défendeur devenu demandeur n'est plus compétent ; l'affaire doit être portée, pour que le jugement ait quelque efficacité exécutoire, devant un nouveau tribunal, ce qui entraîne des complications et des frais nouveaux, prolonge souvent indéfiniment l'action engagée, et est gravement préjudiciable aux parties en présence. C'est pour obvier, dans la mesure du possible, à ces inconvénients divers que la législation consulaire anglaise de 1864 a pris les décisions suivantes dictées à coup sûr par un sens très exact et très juste de la situation véritable.

L'order in Council de 1864 exige en effet que l'étranger demandeur qui poursuit un Anglais devant le consul anglais, obtienne de son consul national, l'autorisation de comparaître devant le tribunal anglais. Bien plus, avant toute introduction d'instance, il faut que l'étranger en question se munisse d'une pièce émanant de son propre consulat, et reconnaissant à ce tribunal anglais, en cas de demande reconventionnelle, le droit de le condamner d'une façon qui ne soit pas illusoire. Le consulat par cette pièce s'engage en effet à exécuter contre son ressortissant, par tous les moyens en son pouvoir, la sentence une fois rendue. Une telle pratique semble résoudre la difficulté, mais en réalité ne la tranche qu'en apparence. Aucune entente n'est en effet intervenue à ce point de vue entre l'Angleterre et les autres puissances : les agents de celles-ci ont le droit formel de refuser l'autorisation dont nous avons parlé; l'étranger demandeur peut refuser lui aussi de se soumettre à ces conditions qu'il peut considérer comme vexatoires, et faute de textes formels échangés entre les divers gouvernements, les prescriptions anglaises demeurent inutiles et vaines le plus souvent, malgré l'excellence de leurs intentions.

C'est pour éviter des difficultés semblables que, maintes fois, pour vider ces litiges entre européens de nationalités différentes, on a cherché à composer, sous la haute surveillance des ambassadeurs, des tribunaux mixtes organisés par le corps diplomatique et formés de juges appartenant à la nation des deux parties en présence. Cette idée remonte même à l'aurore du moyen âge, à cette époque lointaine de croyance et de foi, où à l'appel éloquent de moines et de religieux le monde chrétien se leva tout entier pour marcher au secours des Lieux Saints et les arracher à l'infidèle. Cette période si curieuse des croisades mit pour la première fois en contact les deux civilisations orientale et occidentale : la chrétienté d'une part, avec sa chevalerie aventureuse, et l'Islam qui roulait le flot pressé de ses invasions victorieuses et féroces vers l'Europe où l'attirait la grande métropole de Constantinople expirante entre les mains de Grecs débauchés et de gouvernants corrompus. Lorsque les barons venus des quatre coins de l'Europe furent entrés dans Jérusalem avec Godefroy de Bouillon et que celui-ci eut fondé à son profit le royaume de Jérusalem, un de ses successeurs, le roi Amaury Ier, par les assises de Jérusalem, instituait dans l'étendue de ses États deux tribunaux, l'un chargé de juger les affaires maritimes, l'autre les affaires commerciales intervenues soit entre étrangers de nationalités diverses, soit entre étrangers et gens du pays. Ces tribunaux étaient composés de dix juges parmi lesquels un certain nombre étaient choisis parmi les étrangers domiciliés habituellement dans l'étendue du royaume. Dans ces conditions les étrangers poursuivis et condamnés l'étaient devant une juridiction en partie composée de juges dans lesquels ils reconnaissaient des compatriotes.

Cette institution lointaine, vite disparue, n'avait pas été oubliée à la fin du XVIIIe siècle; la pensée de créer des commissions mixtes — c'est ainsi qu'on appelait ces tribunaux composés de juges de nationalités bigarrées — s'imposa de nouveau à mesure que les conflits entre étrangers devenant plus fréquents, rendaient aussi plus nombreuses les difficultés et les complications pouvant dégénérer en conflits diplomatiques.

Les grandes actions belliqueuses de la Révolution et de l'Empire furent peu propices à une entente commune des diverses nations européennes en Orient. La Restauration en ramenant la paix, la Sainte-Alliance pompeusement proclamée à grand renfort d'orchestre par les nations hier alliées contre la France, devenues aujourd'hui, du moins en apparence, ses amies fidèles, les événements de Grèce qui bouleversaient tout l'Orient et faisaient un impérieux devoir aux nations chrétiennes de se rapprocher les unes des autres, rendirent possible une convention relative à l'organisation des commissions mixtes. Cette convention, purement verbale, fut conclue entre les légations de France, d'Angleterre, de Russie et d'Autriche ; les autres légations y adhérèrent tacitement. D'après cette entente, des commissions judiciaires mixtes étaient installées à Constantinople et dans plusieurs autres villes de l'empire ottoman, principaux boulevards du commerce européen dans le Levant : à Smyrne, à Beyrouth, à Alexandrie, au Caire. Le but de ces commissions, nous le connaissons déjà : il consistait à juger les différends en matière civile et commerciale, intervenus entre étrangers originaires de pays divers et résidant habituellement sur le territoire ottoman. Nous allons énumérer rapidement les grandes lignes du projet de 1820 et les modes de fonctionnement des tribunaux ainsi constitués, et pour cela nous nous contenterons de reproduire les dispositions les plus importantes de ce projet :

1° Les anciens tribunaux mixtes qui étaient chargés de juger les contestations entre étrangers de nationalités différentes sont remplacés par des commissions mixtes dont la procédure aura pour base l'ancienne maxime du droit romain : *actio sequitur forum rei,* maxime admise par les législations de toutes les puissances chrétiennes.

2° La légation du pays du défendeur aura seule le droit de convoquer la commission mixte.

3° Cette commission sera composée de trois juges commissaires, dont deux seront nommés par la légation du défendeur et le troisième par celle du demandeur.

4° Elle prononce en premier ressort sur les contestations civiles et commerciales portées devant elle.

5° La sentence rendue sera homologuée par le tribunal de la Légation du défendeur qui sera chargé de pourvoir à son exécution.

6° L'appel doit être porté devant le tribunal compétent pour connaître en dernier ressort des sentences rendues consulaires de l'appelant.

Telle était cette convention inspirée par la sagesse et dont le premier résultat, entre beaucoup d'autres, était d'éviter bien des froissements internationaux, et bien des difficultés diplomatiques issues des arrêts rendus par les tribunaux consulaires. Quarante années durant le système intronisé en 1820 se maintint, consacré par ses services s'il ne l'était pas par des textes plus autorisés et plus formels et il semblait que ce *modus vivendi* provisoire à l'origine dût devenir — à l'exemple de bien des institutions en Orient — une organisation définitive quand la cour d'Aix, — qui jusqu'alors n'avait élevé entre les commissions mixtes aucune objection — jugea bon brusquement de déclarer le 28 novembre 1864 que la juridiction de ces commissions mixtes n'était pas obligatoire pour un Français puisqu'aucun texte écrit n'est là pour en sanctionner la compétence, et que par conséquent les parties étaient à leur gré libres de se soumettre à leur décision ou au contraire de considérer celle-ci comme nulle de plein droit. A cette opinion on aurait sans doute pu répondre que la compétence légale des commissions mixtes à défaut même de la Convention verbale des légations intervenue en 1820, résultait de l'article 52 de la capitulation de 1740 qui décide : 1° que la justice turque est incompétente, tant que toutes les parties ne consentent pas à y recourir ; 2° et qu'à défaut de ce consentement les litiges entre chrétiens de nationalités différentes, doivent être portés devant les ambassadeurs de ceux-ci. C'est donc un droit strict pour les ambassadeurs de déléguer leurs pouvoirs à tel ou tel tribunal. Ce droit devint effectif en 1820, à la suite de l'accord intervenu permettant de déléguer ces pouvoirs à des commissions mixtes soigneusement réglées dans leur recrutement et leur fonctionnement. D'ailleurs ces commissions mixtes furent admises longtemps dans toutes les chancelleries, considérées comme une véritable institution et plusieurs législations étrangères ont même réglé pour leurs nationaux le mode de procéder devant ces commissions. (Order of council du 23 janvier 1863). En principe ces tribunaux jugeaient selon la loi du défendeur, mais par la suite ce fut toujours la loi française qui prévalut et qu'on appliqua dans les procès entre étrangers de nationalités différentes, hommage inconscient peut-être au premier pays d'Occident, qui, à l'aurore des temps contemporains, avait pénétré la civilisation ottomane et ouvert à l'Europe un admirable débouché pour son commerce et son industrie!

Enfin la sentence rendue par les commissions mixtes n'avait de force exécutoire qu'autant qu'elle était homologuée par le tribunal de la légation du défendeur. Cette homologation était d'ailleurs, à part des exceptions très rares, une chose à peu près certaine, simple conséquence de la convention verbale de 1820.

Malgré tout l'arrêt rendu par la cour d'Aix en 1864

et déclarant qu'on pouvait se refuser à reconnaître leur juridiction devait porter aux commissions mixtes le coup fatal. Cette institution, si sage en théorie, inspirée, semblait-il, par l'intelligence des faits, rencontrait pourtant dans la pratique bien des difficultés d'exécution, bien des complications de détails. Il arrivait fréquemment en effet que dans une même affaire se rencontraient plusieurs défendeurs de nationalités différentes ; fallait-il réunir plusieurs commissions mixtes et dans le cas où l'on n'en réunirait qu'une, comment devait-elle être composée? Les demandes reconventionnelles du défendeur présentaient au même point de vue de semblables difficultés ; l'homologation exigée en cas de sentence par le consul du défendeur était le plus souvent accordée ; mais cette homologation n'était pas certaine, n'était pas de droit des gens absolu et le doute qui subsistait à ce sujet, si léger fût-il, enlevait aux commissions mixtes, on le comprendra sans peine, de leur sécurité et de leur stabilité. Enfin devant elles la procédure longue et coûteuse, les lenteurs, les frais excessifs, la mauvaise volonté parfois rendaient ces tribunaux peu pratiques en ces matières commerciales, qui exigent avant toute chose de la rapidité, des frais modestes, suivis d'une prompte décision.

L'arrêt de la cour d'Aix enlevait aux commissions mixtes leur dernière raison d'être ; elles furent de plus en plus délaissées et ne tardèrent pas à disparaître sans avoir donné lieu à leur apparition comme à leur disparition à aucun acte vraiment officiel, à aucun traité, à aucun échange de vue entre les puissances intéressées. Elles moururent sans bruit, comme elles étaient venues et comme elles avaient vécu et l'on revint au système du tribunal consulaire du défendeur que nous avons étudié plus haut, système appuyé lui aussi sur le vieil adage cité lui aussi : *actio sequitur forum rei.*

Nous avons passé successivement en revue le rôle des consuls et des tribunaux consulaires en matière pénale, nous avons ensuite étudié ce rôle au civil, lorsque la contestation a éclaté entre Français ou entre Français et étrangers. Nous arrivons au cas où un Français est amené par les circonstances à intenter une action contre un indigène ottoman. Il était difficile ici d'arracher à la compétence des tribunaux locaux la juridiction élémentaire des propres sujets du sultan injustement attaqués peut-être par un adversaire processif : remettre à nos consuls le pouvoir exorbitant de rendre des jugements contre un citoyen turc, menacé de ses droits eût été intolérable et inique. On ne pouvait non plus enlever aux cours de justice ottomane cette compétence dans les affaires entre défendeur français et ottoman. La règle ici est donc absolue : en cas de contestations survenues entre Français et indigène, le seul tribunal compétent est le tribunal de l'indigène. Les capitulations à ce point de vue se sont contentées de prendre des mesures pour la composition même de ce tribunal facilement remanié, selon les mœurs orientales, par des autorités peu scrupuleuses, facilement vénales et susceptibles d'exécuter aveuglement les ordres partis d'en haut, de ce pouvoir sans contrôle et capricieux d'un souverain tout puissant. Il fallait donner aux Français appelés devant une juridiction aussi peu stable, toutes les garanties possibles, justifiées par ce peu de stabilité et de sécurité. C'est à ces garanties qu'a voulu pourvoir l'article 26 de la capitulation de 1740. Pour ne pas laisser toute latitude aux juges ottomans, pour les maintenir dans les limites d'une équité relative, elle a voulu mettre à côté du Français aux prises avec la justice turque, un peu de l'autorité de la France, quelqu'un capable d'imposer par son titre une crainte salutaire à des magistrats équivoques et sans caractère. Aussi l'article 26 de la capitulation est-il formel et absolu. Il exige que tout Français paraissant devant le cadi, soit dans tous les cas accompagné par le Drogman de l'ambassade, connaissant la jurisprudence si élastique, la langue, les usages du tribunal, capable en un mot de prendre en main les intérêts de son compatriote, de plaider pour lui, de menacer même, si la menace est nécessaire, au nom de la France, lointaine mais respectée de par sa force même, d'éviter enfin tout passe droit, tout arrêt de complaisance et tout déni de justice. Ce n'est pas tout encore, la capitulation de 1740 va plus loin, elle prend d'autres précautions dans d'autres cas. Créant une distinction d'après l'importance même de l'affaire engagée, cet article réserve tous les procès dont la valeur dépasse 4.000 aspres au divan impérial ou cours supérieur. Des textes plus récents ont même réduit cette somme à 500 aspres. Mais une telle mesure, ramenant à une cour suprême une foule d'affaires de toutes sortes et de tous lieux et portant à Constantinople des procès nés souvent aux extrémités de l'empire était peu pratique par la longueur des procédures et la difficulté des témoignages et des enquêtes. Elle devait tomber en désuétude et manquer son but. Elle ne tarda pas à disparaître en fait et à subir le sort commun à beaucoup d'autres textes, qui, sans avoir été abrogés en droit, ont disparu néanmoins en réalité.

Une question plus importante avait été passée sous silence par le traité de capitulation de 1740 : nous voulons parler de la composition même du tribunal chargé de vider les différends survenus entre Français et indigènes : on comprendra sans peine l'importance de cette composition, importance que semble ignorer absolument l'acte de 1740. En réalité dès cette époque cette lacune était comblée : dans des traités plus anciens on trouvait déjà consacrée l'existence des tribunaux mixtes chargés de démêler les litiges dont nous nous occupons. Il est du moins étonnant que le marquis de Villeneuve ait négligé de consigner dans la charte dernière qui préside aujourd'hui encore aux relations franco-turques cette institution si féconde. Les tribunaux mixtes remontaient aux premières apparitions du commerce occidental en Orient, ils devaient exister après comme avant 1740, nous les retrouvons aujourd'hui encore... On les rencontrait dans les principales villes ottomanes, présidés par le chef de la douane ayant comme assesseurs, des commerçants les plus importants de la ville ottomane, rayas ou francs; leur rôle avait été très actif dès le XVIIe siècle et à plusieurs reprises La Porte, jalouse d'une domination plus grande, avait tenté de faire disparaître l'élément raya ou franc, pour ne conserver que l'élément turc ; à plusieurs reprises la diplomatie européenne avait protesté devant cette prétention tendant à rétrécir les garanties des sujets étrangers en Turquie et à réduire ces garanties, en cas de conflit avec un Ottoman, à la seule présence du Drogman. Toutefois après des alternatives diverses, l'institution des tribunaux mixtes fut régularisée en 1839.

Cette date de 1839 marque pour la Porte un moment d'évolution et de crise : humiliée du régime d'infériorité où les capitulations la maintenaient, désireuse d'entrer aussi par la grande porte dans le concert européen — d'exercer une pleine souveraineté, — elle avait compris qu'elle ne pouvait aboutir à la réalisation de ses désirs qu'en entrant dans l'ère énergique des réformes. Les abus, son gouvernement à la fois faible et autoritaire, pusillanime et cruel la faisait tenir en tutelle étroite; elle résolut d'arrêter les abus et d'affermir son gouvernement. Le Hatti Scherif de Gulhané promulgué par le sultan Abdul-Medjid, fut le résultat logique, l'expression en quelque sorte d'un pareil état d'esprit : les sujets ottomans n'étaient plus soumis au bon plaisir absolu du souverain ou des gouvernents de province, l'assiette de l'impôt était répartie d'une manière équitable, le recrutement de l'armée s'effectuait avec plus de justice. Enfin les tribunaux mixtes de commerce composés à la fois d'éléments indigènes et étrangers destinés à traiter les litiges survenus entre les Ottomans et les Européens d'Occident, étaient consacrés, leur composition et leur juridiction arrêtées ; l'élément turc y était représenté par des fonctionnaires désignés par le sultan; les légations d'autre part nommaient parmi leurs ressortissants des commerçants importants capables de rendre la justice.

En 1846, ces tribunaux commencèrent à fonctionner à Constantinople, à Smyrne, Beyrouth, Alexandrie, le Caire. Les audiences y étaient publiques, les parties mises en présence pouvaient produire leurs témoins dont les dépositions, selon les rites religieux auxquels ces témoins appartenaient, étaient faites sous tel ou tel serment suivant les usages de telle ou telle confession.

Un code de commerce fut rédigé à l'usage de ces tribunaux, inspiré surtout du code de commerce français, composé de 215 articles, et divisé en deux titres : le premier traitant du commerce en général, des diverses espèces de sociétés, de leur formation et des lettres de change, la seconde des faillites et des banqueroutes. En 1860, un appendice au code de commerce venait régler la constitution de ces tribunaux mixtes, délimitait leur compétence, analysait leur procédure et créait au-dessus d'eux une cour d'appel au ministère de commerce de Constantinople, pour reviser au besoin ceux des jugements rendus susceptibles d'être réformés. Enfin un code de commerce maritime, en 14 titres et comptant 282 articles ; un code de procédure commerciale en 140 articles achevaient de donner à cette législation en quelque sorte internationale un caractère sérieux et supprimant toute possibilité de vexations et d'arbitraires.

Une garantie de plus et non des moindres était accordée à nos nationaux dans leurs rapports avec la population des échelles du Levant, elle rendait impuissante la vénalité cupide de la justice mahometane, ses procédés d'inquisition et des habitudes de prévarication et de fraude.

Toutefois, la réforme pour être efficace n'était pas complète ; dans beaucoup d'endroits, les tribunaux mixtes faisaient défaut ou étaient trop loin, et les étrangers étaient réduits à porter leurs différends devant les tribunaux ordinaires, où seule la présence du drogman leur offrait une sécurité relative. Aussi, peu à peu, malgré le texte et la force même des choses, une habitude nouvelle s'est-elle établie aujourd'hui : presque tous les procès entre Français et indigène, sont portés devant la justice française, la justice consulaire qui offre plus de sécurité et qui se déclare toujours compétente. Le cas est général lorque le Français est défendeur ; par une étrange ironie, il se présente souvent aussi, lorsque c'est le Turc qui l'est à son tour, et les Ottomans ne cachent pas combien plus de confiance ils ont dans la justice consulaire que dans celle de leurs pays. Là encore, les usages ont triomphé des traités et le temps a consacré ces usages jusqu'à les faire plus forts que ces traités.

De tout ce qui précède on peut tirer cette conclusion que le rôle des tribunaux consulaires en Orient au lieu d'avoir tendance à diminuer, semble s'accroître au contraire : ce rôle doublement bienfaisant permet le développement des affaires et donne à la liberté individuelle des étrangers aux Echelles, une sanction sérieuse dont l'efficacité n'échappera à personne. Mais l'organisation du tribunal consulaire lui-même n'est pas la seule mesure prise par la diplomatie européenne, pour la protection de ses nationaux. Dès l'origine, cette idée a dominé en Turquie, chez les peuples francs, que la sévérité de tous et de chacun exigeait entre compatriotes une étroite union, une communauté de vie basée sur la communauté d'intérêt et de défense : l'expression de nation peint dans un terme, cette idée qui rapprochait des hommes de même langue et de mêmes mœurs, perdus, *isolés* au *milieu* des flots de l'islamisme. La nation c'était la réunion dans un même quartier, une ville dans la ville sous la direction du conseil, avec une organisation distincte, des citoyens du même pays groupés par l'effort à opposer sans cesse aux mauvaises volontés, aux dangers, aux difficultés journalières. Cette nation avait des habitudes et des lois, on n'y admettait que ceux dont le bon renom commercial ou personnel offrait des garanties sérieuses : pour en faire partie, il fallait être muni d'un passeport, avoir été préalablement admis par la chambre de commerce de Marseille et déposer une caution qui pouvait s'élever jusqu'à 60.000 francs. Ainsi l'ancien régime excluait de ses colonies du Levant cette tourbe des grandes villes qui s'expatrie pour aller se faire oublier dans de lointaines entreprises, et qui apporte souvent des éléments délétères de corruption et de vice. Malheureusement ces réglements sévères ne tardèrent pas à être oubliés par notre législation contemporaine et une ordonnance du 18 avril 1835 finit même par affranchir légalement les nationaux français de l'obligation de se munir de l'autorisation de leur gouvernement et du cautionnement pour aller s'établir dans le Levant.

Malgré ce relâchement des antiques coutumes la « Nation » survécut ; affaiblie elle existe encore en Orient. Chose étrange, alors que la mère patrie, la France monarchique était soumise à un gouvernement absolu, la nation dès l'origine avait institué chez elle une sorte de pouvoir représentatif que certes les mœurs françaises de l'époque ne comportaient pas. — L'ordonnance du 3 mars 1781 réglementait l'organisation de la nation française et fragmentait l'autorité entre les mains des consuls, des députés et de l'assemblée générale. Chaque année, au 1er décembre, la nation élisait ses députés qui entraient en fonction le premier janvier suivant. De concert avec le consul, aidant celui-ci de leurs conseils, les députés veillaient aux intérêts généraux de la communauté, provoquaient en cas de besoin les assemblées plénières, informaient enfin la Chambre de commerce de Marseille des nouvelles de la colonie. Enfin, dans les circonstances graves, la nation entière se réunissait, à l'invitation de l'ambassadeur français à Constantinople ou à la rigueur à celle des consuls ou des vices-consuls. C'était dans ces réunions qu'on communiquait les ordonnances royales, qu'on les discutait et qu'on prenait les mesures dictées par le bien être général. Etrange conception qui rapprochait les nations des Echelles, des cités antiques ou tous les citoyens libres se réunissaient sur la place publique, le forum ou l'agara !

Les progrès incessants du commerce, son extension toujours croissante, qui l'ont éparpillé à travers tout l'empire ottoman, les voies de communication plus faciles permettant de se référer plus vite à l'autorité de l'ambassadeur ont peu à peu réduit à leurs plus simples expressions les habitudes patriarcales de cette grande famille unie qu'on appelait la nation ; et aujourd'hui les assemblées générales n'existent plus qu'à l'état exceptionnel et encore dans les centres principaux, à Constantinople, à Smyrne, à Alexandrie : elle n'ont plus qu'une autorité morale et la garantie donnée par elles à nos nationaux a disparu elle aussi, remplacée par la seule personnalité des consuls, chargés par une sorte de délégation permanente et tacite des affaires courantes quelles qu'elles soient. Mais cette physionomie curieuse de nos comptoirs orientaux qui date d'hier encore, valait la peine d'être remarquée en passant.

Enfin, d'autres privilèges d'un autre ordre ont été reconnus à nos nationaux : leur sécurité une fois assurée, la conséquence normale de cette sécurité, protégée par les traités, devait être la liberté commerciale absolue en Orient ; ce devait être aussi en matière fiscale une situation différente de celles des indigènes écrasés d'impôts injustes et inégalement répartis.

En effet, avant tout, la capitulation de 1740 est un traité de commerce et cette liberté est formellement proclamée dans l'article 20, reproduction presque textuelle d'un autre article de la capitulation de 1535 : « Nous voulons que les Français marchands, « drogmans et autres, pourvu qu'ils soient dans les « bornes de leur État, aillant et viennent librement « par terre et par mer, pour vendre, acheter et com- « mercer dons nos États et qu'après avoir payé les « droits d'usages et de consulats, selon qu'il est tou- « jours pratiqué, ils ne puissent être inquiétés ni « molestés en allant et venant par nos agents. » Le principe de cet article est élargi dans les articles suivants concernant les droits d'importation, d'exportation ou de transit, et les règlements de commerce à l'intérieur et à l'extérieur ; et la législation de 1740, déjà si libérale, a encore été étendue en faveur de nationaux par les traités du 25 novembre 1838 et 29 avril 1861 qui donnent toute latitude à notre activité et au développement de notre influence, surtout si l'on considère les immunités sérieuses octroyées en matière d'impôts par la capitulation de

1740. Tous les voyageurs français munis de passeports étaient exempts du kharach et de toute espèce d'autres impôts spéciaux et leurs marchandises ne devaient qu'un droit de douane de 3 0/0 à l'entrée et à la sortie, droit qui pouvait être soldé en monnaie courante sans tenir compte de la plus ou de la moins valeur des monnaies. Si l'on ajoute aux droits précédents le droit d'exporter de l'or et de l'argent, des raisins, sans rien payer à la douane et la situation anormale de nos marchandises ou de toute autre marchandise voyageant sous pavillon français qui ne payaient que ces droits de douane et les droits dits de bon voyage, on verra à quel point ces conditions exceptionnelles facilitaient le commerce.

Sans doute, les traités de 1838 et de 1861 et le protocole de 1860 ont légèrement modifié ces dispositions : les droits de douane sont supérieurs actuellement pour les Français au droit primitif de 3 0/0 dont nous venons de parler, mais la France a néanmoins le traitement de la nation la plus favorisée. De plus, un autre impôt nous est imposé ; il est vrai qu'il correspond à une concession nouvelle arrachée à la Turquie : les propriétés immobilières possédées par des Français sont soumises à l'impôt foncier. En effet, dès le milieu du XIXe siècle, le dernier droit qui pouvait mettre obstacle à notre œuvre nationale en Turquie, conservé jalousement par la Porte, venait de nous être livré à son tour : en 1867, le sultan s'était décidé à tenir les promesses solennellement faites lors du Hatti-Houmayoun de 1856 : les étrangers sans distinction pouvaient dès lors posséder sur le sol de l'Islam des immeubles et des propriétés territoriales. Le firman s'exprimait ainsi : « Les étrangers sont admis au même titre que les sujets ottomans et sans autre condition à jouir du droit de propriété des immeubles urbains ou ruraux dans toute l'étendue de l'empire à l'exception de la province de l'Hedjaz (la province de la Mecque ou de Médine, celle du prophète qui ne pouvait être souillée par l'infidèle) en se soumettant aux lois et règlements qui régissent les sujets ottomans. Et l'article ajoutait : « Tout sujet étranger ne devra jouir du bénéfice de cette loi que lorsque la puissance dont il relève aura adhéré aux règlements proposés par la Porte pour l'exercice du droit de propriété. » Après quelques hésitations, l'adhésion de la France en 1868 rendait cette réforme un fait accompli.

Beaucoup de légistes la considèrent comme une grave atteinte portée aux capitulations dont le but avoué était d'arracher à la loi turque les résidents européens d'Orient : le firman de 1867 soumettait au contraire ceux-ci, en matière immobilière à cette loi turque pour laquelle la diplomatie avait jusque-là témoigné de si légitimes défiances. En réalité, ce firman de 1867, loin d'affaiblir les capitulations

— traités de commerce avant tout nous l'avons vu — les rendaient plus efficaces encore. Le commerce chrétien avait été gravement compromis dès l'origine par cette règle absolue et sévère qui interdisait aux Européens tout achat d'immeubles en terre ottomane. La difficulté avait été tournée par le moyen de prête-nom, d'intermédiaires turcs dont les particuliers ou les collectivités — sociétés ou congrégations religieuses — se masquaient pour acquérir. Cette façon instable de posséder créait des difficultés de chaque jour, des conflits possibles et avait arrêté l'essor de nos maisons de commerce. Bien plus, certains Français, certains Européens dans le seul but de devenir propriétaires se faisaient naturaliser Turcs ou passer pour Turcs, et dès lors, de graves irrégularités se glissaient dans leur état civil et dans leur nationalité. L'acte de 1867 était donc une concession de plus de la Porte, qui avait longtemps résisté pour se laisser arracher cette déchéance nouvelle et s'il blessait la lettre vaine des capitulations il entrait dans leur esprit en amplifiant encore l'importance des étrangers en Turquie. Aussitôt, les prête-nom et les intermédiaires disparurent, les anciens titres de propriété firent place à des titres plus authentiques et la loi elle-même autorisa dans ces titres originaux la substitution des noms des mandants à ceux des mandataires.

En acceptant une pareille mesure, le divan avait pu-

croire que l'Europe reconnaissante abandonnerait certains de ses droits. Il n'en fut rien. A la fin de la guerre de Crimée, au congrès de Paris, sur l'initiative d'Ali Pacha, plénipotentière turc, soutenu par le comte de Charendon, le comte Walewski et Cavour, alliés de la Turquie contre la Russie et qui payaient de cette façon platonique une dette contractée avec du sang, un vœu fut émis tendant à mettre à l'étude la suppression essentielle des capitulations, ce fut l'article 7 du traité de Paris qui promettait de s'occuper de la question. Le vœu resta lettre morte et le traité conclu entre la France et la Turquie le 29 avril 1861 débute par cette déclaration formelle: « Tous les droits, privilèges et immunités qui sont conférés aux sujets et aux bâtiments de l'Empire français par les capitulations et traités existants sont confirmés maintenant et pour toujours à l'exception des clauses desdites capitulations que le présent traité a pour objet de modifier. » Or, aucune de ces clauses ne concerne les juridictions et à la même époque, l'Angleterre, l'Italie, la Russie, l'Autriche, les États-Unis, la Prusse et le Zollverein concluaient de semblables traités. Une fois de plus les promesses des diplomates n'avaient pas été accomplies! Néanmoins après l'acte de 1867 que nous avons analysé plus haut la diplomatie européenne voulut donner à la Turquie un gage de satisfaction, le salaire de son renoncement, le prix de son abdication. Elle abandonna un droit partiellement reconnu par les capitulations et dont nous avons incidemment parlé au début de ce chapitre, à l'occasion du rôle de police confié aux consuls. L'article 70 de la capitulation de 1740 défendait absolument d'entrer dans la demeure d'un Français et prescrivait en cas de nécessité, d'avertir l'ambassadeur ou le consul et de n'y pénétrer qu'avec des personnes commises par eux. A l'origine, une pareille mesure s'expliquait et se justifiait. Le groupement en nation, que nous avons rapporté, dans un même quartier, sous l'autorité immédiate et en quelque sorte sous le regard du consul, rendant une pareille formalité sinon logique, au moins facilement exécutable : elle évitait ces violations de domicile trop fréquentes, en Orient, tentatives de pillage et même de meurtre colorées sous un vague prétexte de sûreté générale. Mais la profusion actuelle des étrangers à travers tout l'empire, souvent loin des villes et partant des consuls rendait la présence de ceux-ci à l'heure d'une perquisition quelquefois difficile et même impossible et dès lors la justice turque était à la merci absolue non seulement d'un caprice, mais d'une simple question de distance qui assurait l'impunité à beaucoup de coupables et mettait les autorités ottomanes dans la plus fâcheuse et la plus ridicule posture. Le protocole du 9 juin 1868 signé entre la France et la Turquie était peut-être la conséquence du firman de 1867 et devait être imité par toutes les puissances. Il s'exprime ainsi : « Dans les localités distantes d'au moins neuf heures de la résidence consulaire, les agents de la force publique ne pourront pénétrer dans la demeure d'un étranger sans l'assistance du consul. Celui-ci de son côté est tenu de prêter son assistance immédiate à l'autorité locale! Dans les localités au contraire éloignées de plus de neuf heures, les agents de la force publique peuvent pénétrer dans la demeure d'un étranger sans l'assistance du consul, mais ce seulement en cas d'urgence et pour la recherche de certains crimes expressément déterminés par le protocole; dans ce cas les agents de la force publique doivent être assistés de trois membres du conseil des anciens de la Commune. Mais en outre, l'agent qui aura procédé à cette visite domicilaire en devra dresser procès-verbal lequel sera transmis aux agents consulaires. » Il n'est pas la peine d'insister sur les minimes concessions de cet article, surtout si on les compare à celles de la Porte qui avait cru obtenir quelque chose en échange et qui n'avait eu que des promesses, des bonnes paroles et le protocole en question.

Telles sont dans leur complication même ces capitulations qui ont si souvent et si profondément agité le monde oriental ; leur existence justifiée par les conditions même de la vie publique, dans le monde mahométan n'a perdu rien aujourd'hui ni de sa raison d'être, ni de son à-propos et leur suppression considérée de la part du concert européen, comme une faiblesse et comme un recul aurait des conséquences fâcheuses dont on ne saurait prévoir toutes les incidences, le rôle du consul à la fois diplomate et magistrat, juge à ses heures et représentant de son pays, empruntant à la dignité de l'ambassadeur et à celle de président de tribunal un double caractère également respecté, grandit singulièrement son importance et le rend d'autant plus redoutable qu'on le craint davantage par le fait même qu'il est l'expression vivante de quelque grande nation dont on connaît vaguement la force. Sans lui, le commerce serait impossible, mille tracasseries, mille procès paralyseraient les intelligences et rendraient les volontés stériles. Les lenteurs inhérentes à la paresse orientale, les procédures compliquées, les juges à acheter et à vendre, l'animosité silencieuse qui poursuit l'étranger chez ces races fanatisées par la politique et la religion, tout cela rendrait intolérable pour des occidentaux la vie commerciale du Levant. En vain, affirme-t-on que la Turquie marche vers les réformes, qu'elle a même donné des gages, que ses hommes d'État viennent apprendre chez nous des leçons de droit et de parlementarisme ; en vain objecte-t-on les bonnes intentions qui deviennent rarement réalités ; des souvenirs sanglants qui datent d'hier viennent rappeler que dans le sang turc on retrouve celui des hordes barbares qui ont débordé de l'Asie sur l'Europe et qui dans le flux tout puissant de leurs invasions ont failli emporter la chrétienté tout entière, les massacres du Liban, ceux d'Arménie, ceux de Crète sont de funèbres avertissements et montrent de quoi sont capables, laissées à elles-mêmes ces bandes de soldatesque qui ne voient dans la guerre que le pillage et le meurtre. Du jour où l'Europe dans un moment d'oubli et d'imprudence aura abandonné ce formidable rempart constitué par les capitulations entre le fanatisme sommeillant et la sécurité de ses nationaux, élevé par un souverain dans un but de défense avant de devenir un moyen de domination, de ce jour peut dater une ère nouvelle de représailles ou mesquines ou féroces; de ce jour, l'arbitraire des tribunaux turcs reprendra sans contrôle tous ses droits, les arrêts de justice seront mis à l'encan et les magistrats non rétribués par le trésor public toujours vidé, se désintéresseront de leurs traitements en faisant payer non pas leurs sentences, mais leurs services.

Est-ce à dire que dans un temps plus ou moins lointain, l'Europe ne pourra pas renoncer en toute sécurité à ses antiques privilèges. Nous ne le croyons pas et la civilisation à certes fait d'autres miracles, plus grands que celui qui ramenerait la Sublime Porte à la modération définitive des gouvernements solidement établis sur des bases durables. L'heure seulement n'a pas encore sonné, elle peut se faire attendre longtemps encore et les crises en germe dans la péninsule des Balkans indiquent que la question d'Orient est loin d'être résolue. Elle occupera encore la diplomatie de plusieurs générations, grossie seulement de nouveaux chapitres. La situation est-elle la même en Bulgarie : cette province chrétienne arrachée par la force du principe des nationalités au vieux trône ottoman et qui fait couragageusement son éducation de nation libre? C'est ce que nous essaierons d'examiner dans la suite de cette étude.

CHAPITRE IV

Les capitulations dans la principauté bulgare. — La façon dont elles sont exercées.

Tout cet ensemble complexe de traités, d'usages, de chartres antiques, de notes, et de règlements diplomatiques est intégralement en vigueur, nous l'avons vu, dans la principauté bulgare suivant l'article 8, du traité de Berlin : Les immunités et privilèges des sujets étrangers, ainsi que les droits de juridiction et de protection consulaire tels qu'ils ont été établis par les capitulations et les usages resteront en pleine vigueur tant qu'ils n'auront pas été modifiés du consentement desparties intéressées.

Depuis cette époque, aucune nouvelle disposition n'est venue modifier cette situation et nous avons fait remarquer en passant que des faits de la nature de ceux qui ont rattaché la Roumélie Orientale à la Bulgarie, actes de violence, que l'Europe a tolérés mais jamais approuvés ne constituaient certes pas un motif suffisant pour détruire un état de choses si nettement arrêté par le concert européen. Avant comme après les événements rouméliotes, la principauté demeure soumise aux capitulations telles qu'elles existaient vis-à-vis de la Turquie le 25 juin 1878.

Les divers personnels consulaires européens ont donc sur les limites du territoire bulgare, la juridiction que nous avons étudiée dans le précédent chapitre, vis-à-vis de leurs ressortissants et de leurs nationaux : droit de protection et de police, — organisation et compétence du tribunal consulaire, — inviolabilité du domicile, existent en Bulgarie, comme en Turquie et créent ici comme là aux étrangers la situation exceptionnelle que l'on sait. Ajoutons que la Roumélie a pu changer au point de vue international d'état civil, mais qu'elle n'en reste pas moins, dans la même situation de souveraineté diminuée, vis-à-vis de l'Europe, que les capitulations y existent, qu'elles y sont appliquées, et que la révolution dont elle a été le théâtre, en changeant les conditions politiques de son existence, n'a pas eu toutefois la force de modifier la situation que lui était faite par les traités antérieurs comme, ainsi que nous l'avons indiqué plus haut, semblaient le considérer certains organes de la presse anglaise.

Mais les capitulations elles-mêmes ne sont rien, tout dépend de la façon dont elles sont appliquées : nous avons indiqué comment en Roumanie elles avaient été maintenues ; — comment en Serbie elles l'avaient été aussi par le congrès de Berlin et de quelle façon dans ces deux pays leur réalité n'avait pas tardé à devenir lettre morte. — En Roumanie, depuis le congrès, aucun acte officiel cependant n'était venu mettre un terme et en Serbie aucune entente internationale n'avait positivement infirmé la décision des plénipotentiaires du concert européen : seuls des traités de commerce avaient été passés, entre la Serbie et l'Autriche, la Russie, l'Angleterre, l'Allemagne, traités séparés dont une clause entre autres portait l'abandon formel des privilèges séculaires fruits de ces capitulations, et la France, dans l'article 26 du traité de commerce du 19 janvier 1885, avait renoncé aux mêmes droits. La Russie enfin dès 1860, en avait fait autant vis-à-vis des provinces moldo-valaques, à la veille de devenir ce royaume de Roumanie.

Tout cela, du moins, avait laissé subsister en droit beaucoup du régime ancien, que l'Europe ne revendiquait plus. Il est vrai, que la Serbie, comme la Roumanie émancipés depuis longtemps, et depuis longtemps provinces autonomes avaient fait l'apprentissage de leur indépendance : un code civil avait été promulgué en Serbie, dès le 24 mars 1844, un code de commerce, le 26 janvier 1860, un code pénal le 29 mars de la même année, un code sur les sociétés et les faillites le 17 mars 1861, un code de procédure civile, et un code d'instruction criminelle en 1865 ; la Roumanie avait elle aussi sa législation en rapport avec les législations européennes, et dans ces conditions, l'Europe avait fermé les yeux et tout en réservant le principe, n'en avait plus exigé des expressions journalières.

La situation de la Bulgarie n'était pas la même : venue plus tard à la liberté, ayant donné des exemples de violence dans ses mœurs, elle devait subir un stage qui aujourd'hui encore n'est pas terminé. Du moins les diverses nations européennes dans l'exercice de leurs droits en Bulgarie ont-elles, selon les cas et aussi selon les époques et les relations plus ou moins bonnes qu'elles avaient avec la principauté, mis plus ou moins de ménagements dans leurs procédés et dans leurs façons d'agir : l'Autriche qui n'a jamais eu pour la Bulgarie qu'une médiocre sympathie et qui, parmi ses innombrables races, la race hongroise ennemie née de la race bulgare, n'a cessé d'avoir à Sofia, une attitude violente sinon provocatrice au moins très énergique ; elle a conservé toutes ses immunités dans le fond, comme dans la forme et exige de ses agents une fermeté véritable dans le libre jeu de ses droits. Ajoutons que toutefois une détente semble se produire, que les rapports se font plus fréquents entre Vienne et Sofia et que M. Daneff, alors président du conseil de la principauté, dans un discours qui remonte à la fin de

1901 et sur lequel nous reviendrons plus loin, se félicitait de ce changement politique. — Il en est résulté de la part des agents diplomatiques autrichiens une certaine modération, une moindre arrogance, qui jusque-là, — nous le verrons tout à l'heure — avait laissé une blessure saignante au cœur des patriotes bulgares.

La Russie elle, a eu des alternatives successives, d'intimité fraternelle et de refroidissement hostile avec la Bulgarie. Alexandre de Battemberg, le premier prince qui ait régné à Sofia, était le parent et l'allié de la Cour de Pétersbourg ; — jusqu'à la venue de la révolution rouméliote l'influence russophile la plus absolue ne cessa de lui dicter toutes ses décisions, le choix de ses ministres et les tendances de sa politique. — Des froissements d'intérêt l'arrivée au ministère de M. Raraveloff, la révolution rouméliote furent les causes d'un premier conflit, bientôt envenimé encore entre la Bulgarie et la Russie par l'abdication du prince Alexandre et l'élection du prince Ferdinand de Saxe-Cobourg, que le czar ne voulut point reconnaître comme souverain.

La régence de M. Stambouloff qui avait précédé cette crise, son choix comme chef du nouveau cabinet, son attitude violemment hostile à la Russie, les manifestations hostiles que lui dictèrent ses sentiments semblèrent rendre la rupture définitive et l'on put croire un instant que la Bulgarie, perdant le souvenir des services rendus par la Russie, ne reviendrait jamais aux jeunes traditions qui avaient présidé à sa naissance. Toutefois la chute bruyante de Stambouloff, les tragiques incidents qui précédèrent et suivirent sa mort, le ministère Stoïloff, préparèrent une réconciliation que la majorité du peuple bulgare désirait et appelait de tous ses vœux.

Un événement soudain, que nul n'attendait et qui émut l'opinion fut la cause officielle de ce rapprochement annoncé par les modifications dont nous venons de parler : le prince Ferdinand était catholique, sa femme l'était-elle aussi et la différence de religion existant entre le peuple bulgare-grec orthodoxe dans sa presqu'unanimité, et son souverain avait excité souvent des froissements à peine dissimulés et des mécontentements faciles à exploiter contre le prince Ferdinand. Ce fut avec une grande joie patriotique et nationale que la Bulgarie apprit en février 1896 que le prince Boris, héritier du trône serait baptisé dans la religion grecque malgré les préjugés de la famille du souverain, qui l'avait, dit-on, détourné d'une telle résolution dictée cependant par une habileté délicate destinée à lui ramener tous les concours hésitants et toutes les fidélités suspectes. — « J'ai, fidèle au serment donné à mon peuple bien-aimé, déclarait le prince dans un manifeste, résolu de ma propre initiative de franchir tous les obstacles et d'offrir sur l'autel de la patrie le plus immense et le plus lourd des sacrifices. J'annonce donc à tous les Bulgares que le 2/14 février de l'année courante, fête de la Purification la sainte confirmation sera conférée à l'héritier du trône, Boris, prince de Trnovo, d'après le rite de l'église nationale orthodoxe. »

L'enthousiasme populaire qui accueillit cette nouvelle devait redoubler encore lorsqu'on apprit que le tzar serait le parrain du jeune prince et qu'il serait représenté à cette cérémonie par son envoyé spécial le comte Koutousow : la Bulgarie voyait avec allègresse ce double résultat : un gage sérieux donné à la stabilité du trône, et le retour à l'ancienne politique conforme aux intérêts et conforme à la reconnaissance. Si nous avons rappelé cet épisode qui marquera une date dans l'histoire de la Bulgarie c'est que la cordialité la plus grande, à peine troublée pour quelques rares nuages vite dissipés, n'a cessé depuis lors de régner entre le gouvernement de la principauté et la Russie, et les façons dont les capitulations sont observées par les agents consulaires russes à Sofia a subi le contre coup naturel soit de l'intimité des premières et des dernières années, soit de la froideur de la période intermédiaire qui n'existe plus et que la reconnaissance par la Russie du prince Ferdinand comme souverain de la Bulgarie, chose qu'elle n'avait pas encore consentie à faire, a achevé d'effacer.

La France tout en ne se départissant pas d'une

absolue courtoisie et sans jamais créer de difficultés au gouvernement princier, a toujours conservé dans son attitude une fermeté digne, n'excluant pourtant pas une absolue cordialité; nous verrons qu'elle a su défendre à l'occasion le privilège de ses nationaux qui sont ceux de toute l'Europe et qu'elle n'a reculé, ni devant les conséquences de cette attitude qu'elle avait cru devoir prendre, ni devant les responsabilités qui lui incombaient.

L'Italie, suivant l'exemple de l'Autriche son alliée a souvent fait preuve soit d'une mauvaise volonté hautaine, soit de procédés inutiles ou blessants pour l'honneur national bulgare. L'Angleterre et l'Allemagne enfin sans rien retrancher du programme commun à toutes les grandes puissances, ont su éviter le plus souvent des complications trop faciles à naître, en se tenant sur une réserve adroite, en admettant des tempéraments aux usages et en ménageant les susceptibilités et les questions irritantes, dans la mesure toutefois où l'intérêt de leurs nationaux n'était point en jeu.

C'est surtout au point de vue des droits de douane, et nous avons vu dans le précédent chapitre quelle est en pays turc la situation des étrangers à cet égard, que les capitulations pèsent le plus lourdement au peuple bulgare : le régime financier du pays en est gravement compromis ; des facilités de fraude, de contrebande sont en quelque sorte reconnues aux nationaux européens qui ne laissent pas que d'en profiter. « La Bulgarie, état chrétien, dit M. Drandar dans son ouvrage : *Les événements politiques en Bulgarie, depuis* 1876 *jusqu'à nos jours,* fut obligée de conserver les soi-disant capitulations qui permettent aux sujets étrangers de jouir de tous les droits des citoyens bulgares sans être soumis ni à l'autorité des lois, ni à la juridiction des tribunaux de la Bulgarie. Chaque sujet étranger est encore autorisé à faire le commerce qui lui plaît sans payer un centime au Trésor public. »

En réalité, il y a de l'exagération dans ces paroles. Néanmoins, les Russes d'abord, les Autrichiens ensuite, favorisés par une telle situation, n'ont pas tardé à prendre au point de vue commercial et industriel et au détriment des sujets bulgares une importance particulière dans la principauté. Au lendemain de la chute d'Alexandre-de-Battemberg, de la brouille qui semblait définitive avec la Russie, Stambouloff alors régent et dictateur, se rapprocha de l'Autriche et de l'Angleterre, et trouva dans ces deux pays des encouragements officiels à sa politique et des secours pécuniaires importants. Un essor considérable de l'activité autrichienne en résulta dans la principauté. M. Drandar dans le même livre que plus haut, s'exprime de la sorte sur ce double mouvement économique et politique.

« Le but de l'Autriche, c'est de recommencer en

Bulgarie les intrigues qui lui ont si bien réussi en Serbie. Elle veut d'abord discréditer à force d'anarchie gouvernementale, la Constitution démocratique et faire remettre le pouvoir à une aristocratie de cour plus facile à séduire et à acheter. Plus tard elle prêtera de l'argent au gouvernement et se fera donner hypothèque sur les beaux revenus du pays, afin d'avoir ministres et finances à sa discrétion. De cette façon, elle sera en situation d'exiger les traités de commerce qui permettront aux marchands et aux producteurs autrichiens de tuer par la concurrence, le commerce, l'agriculture, les industries qui voudraient se fonder. »

Ces paroles prophétiques ne se sont pas réalisées à la lettre, mais il est certain que le chiffre des affaires fait par l'Autriche en Bulgarie, le développement de son influence, la création de maisons importantes de crédit permettant de soutenir les initiatives privées, tout cela, a trouvé dans les capitulations permettant un libre échange presqu'absolu entre l'Autriche et la Bulgarie, un stimulant vraiment décisif et dont on ne saurait contester l'importance. Ajoutons que cet effort, qui semble se ralentir depuis la chute du ministère Stambouloff, et le rapprochement de la Russie et de la Bulgarie, avait été dirigé surtout contre la prééminence moscovite, longtemps victorieuse sans contrôle à Sofia, et qu'une ligue magyare, présidée par le comte

Zichy, avait pour seule mission d'extirper du sol bulgare l'influence russe : « Le comte, dit M. Drandar, devait plus tard se convaincre lui-même que son entreprise était vaine, et que la haine des Russes ne pouvait jamais descendre bien avant dans le cœur d'hommes qui ont été endormis dans leurs berceaux, au chant de chansons russes, de ces chansons que nos mères ont chantées sur notre sommeil d'enfant et que nos femmes répètent encore au-dessus du berceau de nos fils. »

Cet état de choses n'a cessé depuis cette époque de donner lieu à des manifestations qui ne laissent aucun doute sur le sens véritable qu'on doit leur attribuer. Dans une interview accordé par le docteur Daneff, ministre des affaires étrangères à Sofia, à M. André Leval, rédacteur en chef de la *Revue d'Orient,* en octobre 1801, l'homme d'état bulgare s'exprimait en ces termes : « Il est tout naturel que nous inclinions du côté de la Russie, du côté de la grande puissance à qui nous devons notre indépendance, et qui nous a rendu de nombreux et importants services que nous ne pouvons oublier. Il serait même triste qu'il n'en fût pas ainsi, car la Bulgarie ferait montre d'une rare ingratitude.

« On a beaucoup parlé à tort et à travers de la visite que nous ont rendue le grand duc Alexis et l'escadre russe de la mer Noire l'été dernier. Cela n'a été qu'un acte de courtoisie, non une manifestation politique. La flotte russe croisait dans la mer Noire et tout naturellement fit escale à Varna et à Burgas. On s'est demandé pourquoi le grand-duc vint en Bulgarie avant d'aller en Roumanie, ce qui aurait été sa route directe, et pourquoi il alla ensuite à Constantinople. Voici la vérité : Le prince Ferdinand était sur le point de partir pour l'étranger et pria le grand-duc de venir un peu plus tôt ; c'est pourquoi son Altesse Impériale vint à Varna avant d'aller à Constanza ; quant au toast porté par l'amiral russe Hildebrand à la fraternité des armées russo-bulgares, il ne faut pas oublier que la jeune armée de la principauté a été formée par des officiers russes et qu'il y a un grand nombre d'officiers qui ont reçu leur instruction militaire en Russie et qui ont pris part à la guerre de 1877-1878. On voit donc que la fraternité des armées existe réellement.

« En ce qui concerne l'Autriche-Hongrie je suis heureux de dire que, depuis que le ministère actuel est entré en fonctions, nous n'avons eu à nous plaindre ni au point de vue politique, ni au point de vue économique. Il y a quelques jours, en revenant de Paris, je me suis arrêté à Vienne, et là j'ai fait la connaissance du comte Goluchowski qui m'a reçu de la façon la plus courtoise et la plus aimable.

« C'est surtout aux capitulations que l'on doit que de petits incidents relatifs aux intérêts de simples particuliers donnent lieu quelquefois à un échange de vues amicales. Toutefois, les cabinets de Vienne et de Sofia sont d'accord en ce qui concerne l'opportunité qu'il y aurait d'abroger ce régime, ce qui ne saurait subsister plus longtemps en Bulgarie. J'espère que cette question sera tranchée de la manière la plus satisfaisante dans le projet de convention consulaire qui se prépare entre les deux États.

« J'ai entendu dire qu'aucun état vassal de l'empire ottoman ne pourrait être débarrassé des capitulations avant d'obtenir son indépendance complète. Ceci est inexact. En dehors de la Bosnie, l'Herzégovine et l'île de Chypre où ces capitulations n'existent plus de fait, il y a aussi la Roumanie qui s'est émancipée de ce régime aux termes des conventions passées avec la Russie en 1869 et avec l'Autriche en 1873. Je crois savoir que la Russie n'élèverait aucune objection. »

Avant d'aller plus loin, remarquons tout de suite que M. Daneff commettait une erreur sans doute volontaire sur ce fait que la Roumanie était encore vassale de l'empire ottoman et que la situation privilégiée de la Bosnie, de l'Herzégovine et de l'île de Chypre avait pour raison que les deux premières de ces trois provinces étaient occupées par l'Autriche-Hongrie et la dernière par l'Angleterre.

Notons aussi que la sympathie pour la Russie apparaît à chaque ligne et que nous sommes loin de l'époque où Stambouloff résumait toute sa politique dans la haine de cette même Russie. Enfin, de cette déclaration ressort le sentiment très net que les capitulations représentent la grande affaire pour la principauté.

« Le Dr Daneff déclarait ensuite, continue M. Leval, que l'emprunt bulgare de 120 millions de francs, placé ces temps derniers en France rendrait encore plus étroits les liens d'amitié qui avaient toujours existé entre ce pays et la Bulgarie. Son Excellence s'est dit un grand admirateur de la civilisation française et un partisan sincère de l'expansion française en Orient. Le ministre fait d'ailleurs, ajoutait-il, tous ses efforts pour activer les relations commerciales des deux pays. Des pourparlers sont engagés depuis quelque temps au sujet de l'établissement d'un service de navigation entre Varna, Burgas et les ports de la France. Ces pourparlers se poursuivent de façon satisfaisante. Le service en question aurait une grande utilité pour les exportations des céréales bulgares.

« La Bulgarie est seulement désireuse d'améliorer ses relations commerciales avec l'Angleterre, pays qui reçoit déjà des quantités considérables de produits bulgares et qui exporte sur la principauté des marchandises de fabrication anglaise. Le commerce allemand avec la Bulgarie fait des progrès rapides aux dépens du commerce de l'Autriche-Hongrie.

«Selon le Dr Daneff, les relations de la principauté

avec ses deux voisines du Nord : la Serbie et la Roumanie étaient des plus satisfaisantes. Enfin le ministre faisait les déclarations suivantes au sujet de la Macédoine, pays qu'il qualifiait de casse tête oriental : « Ce n'est ni la Serbie, ni la Bulgarie, ni la Grèce qui résoudront le problème macédonien hérissé de difficultés effroyables. Il serait d'ailleurs puéril de supposer que la principauté cherche à soutenir cette question-là. A mon avis, l'action tant individuelle que collective des petits états des Balkans devrait se borner à la tentative d'obtenir la mise en vigueur de l'article 23 du traité de Berlin sans contrôle des grandes puissances. Dès qu'on aura accompli cette tâche l'esprit populaire se calmera et la tranquillité de la Bulgarie cessera d'être troublée par l'immigration des Macédoniens que la misère pousse aux pires excès. J'estime quant à moi que c'est la Turquie qui profitera surtout de cet arrangement, puisque ce sera la Turquie qui aura rétabli l'ordre et la tranquillité dans ses provinces européennes. »

Nous verrons dans la conclusion de cette étude comment la question macédonienne, ce casse-tête oriental comme le disait très justement M. Danef, et la façon sanglante dont elle a essayé de se résoudre, sans d'ailleurs y parvenir, a pu avoir son influence sur ces capitulations. Tenons-nous en à celles-ci, à l'état d'esprit des Bulgares vis-à-vis d'elles et à la situation diplomatique extérieure que reflétaient ces intéressantes déclarations du ministre des Affaires étrangères de la principauté. A cet égard d'ailleurs, et à la même époque, dans un discours prononcé devant le parlement bulgare, cet homme d'état faisait des réflexions analogues.

Il y a eu dans l'histoire bulgare deux courants qui se sont traduits par deux politiques séparées par un événement culminant : la chute de Stamboulof.

De ces deux courants l'un est russophile, l'autre russophobe; l'un est conforme aux traditions, à l'origine, à l'histoire de la principauté ; il est profondément ancré dans l'âme du peuple, il est conforme également à la sentimentalité, aux souvenirs de la délivrance nationale succédant aux épreuves et évoquant la Russie libératrice et le tzar sauveur. L'autre est superficiel, il est l'œuvre d'un seul homme d'état, par certain côté remarquable, par d'autres néfaste; ce même Stambouloff. Il faut noter un autre fait qui a son intérêt parce qu'on le retrouve chez tous les peuples des Balkans : quand l'élément russe perd du terrain c'est au profit de l'élément autrichien et réciproquement. Chez ces peuples jeunes des Balkans on trouve dans la politique intérieure, l'ombre tutélaire des deux grandes puissances qui ont été pour l'empire ottoman les grands adversaires, et comme conséquence, pour les nationalités esclaves, les deux grands patrons. Cette double influence ne va pas sans jalousies, sans heurts et sans froissements.

En dehors de la Russie et de l'Autriche, les autres états européens ont sans doute leur place au soleil, mais ils ne jouent pas le rôle que les chancelleries de Vienne ou de Pétersbourg ont à Belgrade ou à Sofia. A Belgrade, c'est l'Autriche qui parle et agit pour donner ses conseils, son éducation militaire, et jusqu'à sa langue que la majorité des Serbes parle concurremment avec la langue nationale. Tout à Sofia semblait devoir être subordonné à la Russie : les Bulgares sont Slaves, la religion est la même qu'en Russie, c'est à San-Stefano que s'ébaucha l'idée de la grande Bulgarie demeurée si chère aux patriotes bulgares ; le premier souverain qui régna à Sofia, Alexandre de Battenberg était parent aux Romanoff. Nous avons parlé des difficultés qui amenèrent entre la Russie libératrice et la Bulgarie ingrate ou du moins oublieuse, confiée à la poigne de Stambouloff et à la direction ondoyante du prince Ferdinand un refroidissement suivi d'une hostilité qui en arriva à la rupture. Nous avons indiqué qu'à cette rupture avait succédé un rapprochement accueilli par l'enthousiasme de tout un peuple.

Toute l'histoire des capitulations réside dans cette double évolution.

Les agents russes ou autrichiens appliquèrent à l'occasion leurs droits plus ou moins sévèrement suivant les rapports momentanés de leurs gouvernements avec la principauté. Lorqu'Alexandre de Battenberg devançait les désirs de la Russie, l'Autriche se montrait soupçonneuse et hautaine et réclamait l'application stricte, sévère et parfois brutale des capitulations. Elle y mettait parfois de la violence et même des éclats. Ce fut au tour de la Russie d'être méticuleuse à l'excès lorsque l'Autriche devint le point d'appui de toute la politique de Stambouloff. Lors de la nouvelle entente russo-bulgare cet étrange jeu de bascule eut un nouvel épisode : l'Autriche formula des exigences et traduisit sa mauvaise humeur par des rigueurs inusitées jusqu'au jour où, ayant compris, qu'elle ne pourrait faire oublier les services rendus par la Russie, elle vint à composition et se radoucit.

Depuis cette époque, les capitulations semblèrent devoir être appelées à une prompte disparition sinon en droit, du moins en fait : à cet égard les paroles de M. Danef que nous reproduisons plus haut étaient significatives. Mais la question irritante de le Macédoine, les excès sanglants dont cette province fut le théâtre, du fait des bandes bulgares, rendit l'Europe circonspecte et moins prompte à se dessaisir de ses privilèges. Nous y reviendrons.

Contentons-nous de remarquer une fois pour toute que dans l'histoire journalière et fastidieuse de ces capitulations en Bulgarie depuis le congrès de Berlin, les facteurs politiques ont changé sans cesse. Ce fut la Russie d'abord, puis l'Autriche et l'Angleterre, puis de nouveau la Russie qui firent preuve de modération, selon l'intérêt de l'heure présente. Entrer dans les détails, relater les échanges de vue innombrables, les mille faits insignifiants de procédure, comporteraient de trop longs développements dont l'inutilité le disputerait à la monotonie désespérante.

Un seul conflit retiendra notre attention, dans la seconde partie de cet ouvrage : il est peut-être, entre tous, le plus symptomatique, le plus fécond par ses conséquences, celui qui à le plus ému l'opinion ; il nous intéresse particulièrement nous autres Français puisqu'il a été causé par un de nos compatriotes et que c'est le gouvernement français qui l'a résolu.

Nous voulons parler de l'affaire Chadourne qui troubla un instant la quiétude de la diplomatie et eut son retentissement jusqu'à la Chambre des députés, à Paris, où un ministre dont le talent le dispute à l'habileté, posa du haut d'une tribune retentissante le problème des capitulations dont il devait affirmer l'existence menacée par la politique cauteleuse du dictateur Stambouloff.

DEUXIÈME PARTIE

LES DIFFICULTÉS SURVENUES DIPLOMATIQUEMENT ENTRE LA BULGARIE ET LES AUTRES ÉTATS DE L'EUROPE ET RÉSULTANT DE L'EXISTENCE DES CAPITULATIONS. — TENTATIVES FAITES PAR LA BULGARIE POUR S'EN DÉBARRASSER. — HISTORIQUE DE L'AFFAIRE CHARDOURNE.

CHAPITRE I

L'Affaire Chadourne.

La question des capitulations en Bulgarie n'est pas seulement une question de droit abstrait, et de discussions théoriques : à plusieurs reprises, elle a donné lieu à des difficultés diplomatiques dont certaines n'ont pas dépassé le cercle étroit des chancelleries, dont d'autres au contraire ont eu un retentissement plus considérable, jusqu'à pénétrer dans le public, l'émouvoir un instant et occuper l'opinion surrexcitée pendant quelques heures.

Ces incidents sont innombrables ; on pourrait dire qu'ils sont de chaque jour et la plupart rentrent dans la même catégorie, sont pour ainsi dire coulés dans le même moule ; arrestations arbitraires, expulsions d'étrangers sans avis préalable à leurs consulats respectifs, — froissements quotidiens entre les autorités princières, et les grandes puissances, lésées le plus souvent dans la personne ou des biens de leurs nationaux, — la nomenclature exacte en serait longue, fastidieuse, toujours semblable, le plus souvent inutile. Il faut donc s'en tenir à ceux de ces incidents qui ont vraiment posé d'une manière précise et retentissante la question de l'existence même de ces capitulations, ou ont indiqué d'une façon formelle et quelquefois brutale de la part de la Bulgarie, le désir inavoué mais cependant très clair, de se soustraire au lourd fardeau pesant sur lui du fait de ces traités, — que le gouvernement princier, à mesure qu'il prend davantage conscience de lui-même, n'a cessé de poursuivre de son ressentissent tenace et de sa haine.

La plus sérieuse de ces difficultés devait éclater entre la Bulgarie et la France à la suite d'une mesure prise contre le citoyen français Chadourne, et elle a marqué le point culminant, le moment décisif d'une campagne sourdement menée par le gouvernement de M. Stambouloff, alors premier ministre à Sofia. Cette campagne, que nous allons esquisser, n'avait qu'un but : affranchir en fait, sinon en droit, la principauté d'une pareille entrave, et cela grâce à des précédents habilement présentés battant en brèche ces « antiques usages » dont le congrès de Berlin avais jalousement affirmé la valeur en une éclatante et solennelle consécration.

Depuis 1887, à plusieurs reprises, et par simple mesure administrative, des expulsions d'étrangers domiciliés sur le territoire bulgare s'étaient produites, sans que la diplomatie européenne s'en fut inquiétée outre mesure, soit par un sentiment de tolérance, soit que la situation des expulsés n'eut pas attiré l'attention des agents et des consuls par sa médiocrité même. C'est ainsi que beaucoup de sujets hillénes, à la suite de difficultés électorales avaient été reconduits à la frontière et qu'un sujet russe avait subi le même sort, sans que son résident général à Sophia, averti de cette expulsion ait protesté contre une mesure qu'il avait connue officieusement et à laquelle il ne s'était pas formellement opposé.

Dès avant cette époque du reste, cette tendance du gouvernement princier de s'arroger sans contrôle le droit d'expulsion sur les limites de son sol, s'était manifestée d'une façon officielle par une note publique adressée le 27 septembre 1886 aux agences diplomatiques de Sofia. Dans cette note il était dit que tout étranger s'occupant des questions électorales intérieures pourrait être, de ce chef, éloigné de la principauté : c'était en réalité donner aux autorités locales, toute latitude contre les nationaux des diverses puissances représentées à Sofia et rien n'était plus facile que de colorer d'un prétexte politique la véritable raison d'une expulsion décidée souvent pour de tout autres causes. Malgré le caractère de cette prétention, la note du 27 septembre n'avait pas excité de protestations dans le corps diplomatique et seule la Russie avait présenté quelques réserves, — encore qu'assez timides, par l'intermédiaire de son chargé d'affaires en Bulgarie, le général Kaulbars.

A partir de cette date et comme si cette manifestation non équivoque, qui n'avait pas été expressément acceptée mais seulement tacitement tolérée, ouvrait une ère nouvelle dans les rapports de la principauté avec les puissances européennes, et surtout à partir de l'arrivée aux affaires du ministère Stambouloff, qui se présentait au pays avec des allures quelque peu jacobines mâtinées de césarisme et prétendait affirmer par ses actes l'indépendance nationale en brisant les derniers liens de sujestion et les derniers vestiges d'esclavage, — la police directement inspirée par le dictateur crut devoir inquiéter avec une ardeur nouvelle les étrangers suspects de s'occuper de politique : ce fut l'espionnage à l'ordre du jour, et aussi les délations anonymes accompagnées d'une foule de mesures mélodramatiques et romanesques. Les incidents se multiplièrent et la brutalité vexatoire de cette police devait montrer plus d'une fois que, si les pratiques arbitraires de la domination turque n'existaient plus, du moins elles avaient été remplacées par des manières de faire quelque peu orientales encore, justifiant et au delà les précautions prises par le concert européen pour faire respecter ses nationaux dans leurs fortunes et dans leurs personnes menacées.

Les journalistes surtout étaient l'objet d'une surveillance spéciale et particulièrement soupçonneuse. M. Stambouloff gouvernait en réalité sans contrôle, il baillonnait la presse à l'intérieur pour ne pas permettre aux critiques de pénétrer dans l'opinion, de la troubler et de l'ameuter contre lui ; et il éprouvait une véritable fureur à voir ses projets, souvent les plus intimes et les plus secrets, dérobés par le reportage et colportés par des correspondants étrangers, qui échappant à son autorité, en donnaient la primeur à leurs journaux respectifs, aux quatre coins de l'Europe.

En 1887, le Français Lindenlaub, envoyé par le journal « le Temps » à Sofia en 1889, le Français Maurin rédacteur du journal révolutionnaire le « 9 août » à Roustchouk furent appréhendés avec la dernière violence sous prétexte de divulgation de secrets d'états et menés le jour même à la frontière ; la première de ces expulsions ne donna lieu à aucune représentation de la part du gouvernement français, la seconde au contraire entraîna des pourparlers diplomatiques qui demeurèrent sans résultat, partant sans moralité après des explications mutuelles un peu vagues. D'ailleurs, à la suite d'autres faits du même genre, de quelques arrestations arbitraires maintenues et de quelques démêlés financiers, M. Flourens, alors ministre des Affaires étrangères françaises dans le cabinet de Freycinet avait rappelé en congé illimité notre consul général en Bulgarie M. Flesch et nos intérêts étaient demeurés confiés aux soins d'un simple chargé d'affaires : c'était M. Lanel, en 1891.

Cette année 1891 vit éclater, toujours dans les mêmes conditions, des conflits nouveaux, et de nouveaux attentats : un Allemand fut chassé de Sophia après avoir été maltraité par des agents en bourgeois : l'Allemagne réclama et obtint pour son citoyen une demi-satisfaction ; un Italien fut appréhendé à son tour sans avis préalable à son consulat et en absence de tout consul, des scellés furent apposés sur son domicile, à la suite d'une perquisition opérée en dehors de toutes les formes reçues ; c'était une violation nouvelle des capitulations plus formelle et plus audacieuse que toutes les autres ; de son côté l'Italie, énergiquement soutenue par la France, protesta et obtint pour son national des dommages-intérêts. Mais jamais encore, la question n'avait été nettement posée d'une façon générale ; jamais on n'avait élargi telle ou telle difficulté particulière et placé franchement la discussion et le conflit sur le terrain du respect des capitulations, tandis que, profitant de cette négligence le gouvernement bulgare enregistrait avec soin tous ces mêmes faits pris isolément, mais créant dans leur ensemble un argument terrible contre le maintien effectif des usages capitulaires.

C'est alors qu'éclata l'affaire Chadourne, affaire sans grande importance elle aussi si on la considère en elle-même, mais qui devait soulever cette grande question de l'existence des capitulations, par cela même qu'elle la posait, la mettant subitement à l'ordre du jour, affaire grosse de conséquences, puisqu'il s'agissait d'un effort de la part du gouvernement bulgare, pour se soustraire à ses obligations internationales, pour établir un précédent qui fît époque et ébranlât l'échafaudage de coutumes et de conventions laissé debout par le congrès de Berlin, dans le jeune état qui naissait un jour.

Stambouloff, nous l'avons vu, premier ministre depuis 1887, maintenait la principauté en haleine, sous l'empire de la crainte et de l'arbitraire sans scrupule mais rempli d'énergie, véritable dictateur, à côté du prince Ferdinand, Stambouloff était décidé coûte que coûte à maintenir la Bulgarie dans l'obéissance passive et de ne pas la laisser s'écarter — fût-ce un seul instant — de la voie qu'il lui avait tracée. Sa politique de violence eut sans doute ses côtés de cruauté qui touchèrent à la barbarie, si l'on en croit les ennemis implacables qu'il se fit par cette violence, elle eut pourtant ses heures d'élévation et s'il ne fut pas un grand homme d'État, du moins fut-il un homme d'État. Sa conduite a pu trouver des adversaires acharnés, elle a rencontré aussi de fanatiques admirateurs et la conception qui s'était faite d'une Bulgarie forte à l'intérieur, au gouvernement centralisé jusqu'à l'excès entre les mains d'un seul ou de quelques-uns, mais profondément national, d'une Bulgarie vraiment autonome et qui ne fut pas russe pour tout dire, présentait bien sa raison d'être, et son originalité hardie même chez un peuple qui, soumis depuis des siècles et émancipé à peine d'hier encore tout ébloui de sa liberté et chancelant sous le poids de son indépendance, cherche des yeux où trouver un appui, sinon un maître.

L'année 1890, à peine troublée par l'affaire du major Ponitza et les débats qu'elle avait entrainés, s'était passée dans un calme relatif ; des mesures de police bien concertées, l'exemple si récent de l'infortuné major et de ses complices, demeuré présent à toutes les mémoires, la terreur justifiée qui s'attachait au nom de Stambouloff, avaient suffi pour maintenir dans l'ordre les mécontents qu'on trouve toujours dans un pays, en face d'un gouvernement fort, centralisé et soucieux de se faire respecter par tous les moyens en son pouvoir. Les premiers mois de 1891 s'étaient même présentés sous de favorables auspices : un emprunt de 50 millions avait été couvert malgré l'opposition ouverte de la diplomatie russe, et la mauvaise volonté évidente de la cour de

Pétersbourg, mécontente de voir diminuer sans cesse son influence autrefois prépondérante et presqu'exclusive; enfin des conventions commerciales avantageuses avaient été signées avec la France, la Grande-Bretagne, l'Autriche l'Allemagne et la Suisse : la Bulgarie en un mot avait vu une fois de plus, s'affirmer son indépendance en matière économique autrefois contestée. A mesure que l'anarchie semblait s'éloigner, même pour faire place à un régime tyrannique, une prospérité momentanée apparaissait dans les provinces bulgares, y encourageait l'industrie et l'agriculture. Soudain un événement tragique et inattendu, vint rejeter Stambouloff et son ministère dans l'ère des mesures inquisitoriales, oppressives, d'aucuns ont dit féroces, et troubla profondément la conscience publique.

Le 27 mars 1891, le ministre des Finances Beltcheff, sortait en compagnie de Stambouloff, de la confiserie Panahoff, lorsque trois inconnus tirèrent dans la direction des ministres plusieurs coups de révolvers et s'enfuirent sans avoir pu être arrêtés : Beltcheff tomba raide mort, Stambouloff ne fut pas atteint et l'on prétendit même, que le désir de se débarrasser d'un collègue gènant, et la nécessité d'inventer un complot pour affermir son gouvernement, avaient fait du premier ministre l'instigateur et l'organisateur du crime. Quoi qu'il en soit, un procès retentissant par le nombre des inculpés et les relations politiques avouées de ceux-ci suivit l'attentat et remua profondément toute la principauté : Sofia fut mis en état de siège, les arrestations se multiplièrent, les personnages les plus importants, du parti antistambouliste furent soupçonnés et l'un d'eux, l'ancien ministre Karaveloff, un des noms les plus connus et les plus populaires de Bulgarie fut même incarcéré et compris dans les poursuites.

L'acharnement de Stambouloff contre les prévenus, les efforts qu'il fit pour exciter des dénonciations mensongères et des faux-témoignages stipendiés contre les personnalités qui lui déplaisaient, les pratiques odieuses qu'il employa pour ouvrir la bouche aux prévenus et qui rappelèrent, si l'on s'en rapporte aux affirmations colportées depuis les barbaries atroces de l'inquisition la plus reculée et la plus espagnole — tout ce drame judiciaire, qui, même en faisant la part des exagérations, laissa une tache sanglante au président du conseil de Bulgarie, eut un retentissement profond, non seulement dans la péninsule des Balkans mais dans toute l'Europe et la presse entière relata les incidents poignants de l'instruction et les longs débats, souvent tragiques de la cour martiale.

M. Chadourne, citoyen français, correspondant à Sofia du journal le *Temps* et de l'*Agence Havas* se signala dans de nombreux articles par sa virulence contre Stambouloff, qu'il traita de tortionnaire et dévoila avec indignation comme un tyran sanguinaire et malfaisant : « Les journaux à la solde de « M. Stambouloff, écrivait-il, ont prétendu que « Tufektchieff, (l'un des inculpés âgé de 17 ans) était « mort de phtisie. Si Stambouloff tient à le prouver, « qu'il fasse exhumer le cadavre en présence des « agents diplomatiques. Quant à moi, je maintiens « que le malheureux Tufektchieff a été plusieurs fois « mis à la torture, au commissariat de police du troi-« sième arrondissement, que ses mains et ses pieds « ont été entièrement brûlés après avoir été trempés « de pétrole et ces supplices lui ont, à la fin, coûté la « vie. »

Devant des attaques de ce genre, aussi graves que précises, l'expulsion de M. Chadourne fut décidée : dès le moins d'avril, un arrêté était pris par M. Stambouloff enjoignant à la police de se saisir de sa personne, et si cet arrêté ne fut pas exécuté, c'est que M. Lanel averti d'avance, et soutenu en cela par le Consul d'Italie, d'après les ordres même de M. di Rudini, alors président du conseil à Rome, protesta avec énergie contre une mesure qui violait tous les textes et tous les usages. Le gouvernement bulgare devant une manifestation aussi nette de la volonté des diplomates eut l'air de se retirer et de reconnaître ses torts, mais à la suite d'articles nouveaux publiés par M. Chadourne, le chancelier du consulat français M. Lafond, fut appréhendé par les gendarmes et relâché seulement après vérification de son identité : il avait été victime de sa ressemblance avec le journaliste français, et devant les protestations nouvelles, de M. Lauvel, le ministre des Affaires étrangères bulgare M. Grecoff répondit : « Qu'aucun ordre d'expulsion n'avait été pris contre M. Chadourne, qu'on ne pensait pas à l'expulser, qu'il n'y avait eu qu'un excès de zèle de quelque agent de police. »

Des explications aussi claires accompagnées de regrets et d'excuses suffirent au consul français et l'incident Lafond, datant de la fin de novembre 1891, semblait clos à la satisfaction générale, quand, quinze jours plus tard, le 9 décembre, sans que rien pût justifier un tel changement, le gouvernement bulgare oubliant ses déclarations précédentes, faisait appréhender sur la voie publique et expulser M. Chadourne dans les vingt-quatre heures.

Une violence semblable, survenue après les alternatives que nous venons de rapporter, les engagements pris, les protestations mensongères, présentait un caractère de gravité tel que le premier devoir du gouvernement français était d'affirmer ses droits, de ne plus poser seulement des principes arides, mais d'en tirer des conclusions et de les faire exécuter. Jamais difficulté plus sérieuse ne s'était présentée, jamais la Bulgarie n'avait joué plus dédaigneusement avec les capitulations, et n'avait montré mépris plus superbe pour les traités ; fermer les yeux, c'était reconnaître tacitement les prétentions bulgares, l'affranchissement absolu vis-à-vis de l'Europe : les textes demeuraient lettres-mortes dans la poussière vierge des archives et des ministères, la réalité leur donnait tort et les démentait : l'injure faite à la France, c'était l'injure faite à l'Europe.

M. Lanel le comprit et spontanément le 11 décembre, à la nouvelle de l'expulsion, il adressait la note de protestation suivante à M. Grécoff : « M. Chadourne, « citoyen français a été violemment enlevé dans la « soirée de mardi par les agents de police et conduit « à la frontière. Le gérant de l'agence et consulat « général soussigné proteste contre cette expulsion « qui constitue une violation flagrante et préméditée « des immunités que les traités assurent aux étran- « gers résidant dans la principauté. Tout en formu- « lant ses réserves pour les préjudices causés à son « ressortissant, il demande que cette mesure soit « rapportée et que le gouvernement bulgare prenne « l'engagement de ne pas inquiéter M. Chadourne « dans l'éventualité de sa rentrée en Bulgarie. Le « gérant de l'agence et consulat général de France « demande en outre qu'une réponse à la présente « note soit communiquée par l'honorable ministre « princier des affaires étrangères dans un délai de « vingt-quatre heures. »

Quelle avait été exactement l'attitude du chargé du France durant tous les incidents des mois précédents? Avait-il été pressenti sur l'expulsion, suivant les affirmations de la note explicative déposée quelque jours plus tard par M. Voukovich représentant de la Bulgarie à Constantinople et remise à Saïd Pacha, note que nous analyserons plus loin? Avait-il officiellement déclaré au contraire à M. Grécoff, comme l'a plus tard écrit M. Chadourne, que ce dernier serait expulsé par les soins du consulat français lui-*même sur la simple présentation d'une liste énumérative* des griefs du gouvernement bulgare? Ces points de détail et de polémique importent peu, la *mesure avait été prise en réalité sans l'avis formel* du consulat français, vaguement averti peut-être, mais non loyalement consulté, à son insu, malgré lui; le fait subsistait, en dehors de toutes les justifi*cations et de toutes les hypothèses, audacieusement contraire* au texte comme à l'esprit des traités: il fallait le tirer au clair au nom même de l'intérêt de tous et de chacun; le prestige de la France était engagé et avec lui la sécurité de ses nationaux, et de son commerce en Bulgarie, la sécurité et l'avenir de tous les étrangers quelles que fussent leur nationalité et leurs attaches.

La personnalité de M. Chadourne passait d'ailleurs au second plan, la question s'élargissait et devenait plus haute; c'était l'existence même des capitulations qui demeurait en jeu et malgré les réticences et les protestations, c'était bien ainsi que l'entendait

M. Grecoff, dans sa réponse à la note du 11 décembre, réponse par laquelle il maintenait la décision prise et refusait satisfaction à la France.

« Le soussigné, ministre des Affaires étrangères de « la principauté, disait ce document, en réponse à la « note verbale, que M. le gérant de l'agence et con- « sulat général de France, lui a adressée le 11 décem- « bre courant, relativement à l'expulsion de M. Cha- « dourne, citoyen français, croit devoir rappeler à « M. le gérant de l'agence, les réclamations réitérées « que le gouvernement bulgare a faites auprès de « M. Lanel, contre son ressortissant, correspondant « de l'Agence *Havas* et de plusieurs autres journaux « étrangers, qui, depuis un certain temps, avait « pris à tâche de répandre systématiquement dans « la presse européenne et surtout française, des nou- « velles fausses et calomnieuses, hostiles à la Bul- « garie et à son gouvernement... Monsieur le gérant « de l'agence et consulat général, sait que le gouver- « nement princier, qui, à deux reprises différentes, « dans le passé, avait résolu d'expulser M. Cha- « dourne, n'avait point procédé à l'exécution de « cette mesure, espérant que, grâce aux avis parve- « nus à l'agence de la république et par l'effet des « avertissements donnés à son ressortissant, celui-ci « changerait d'attitude à l'égard du gouvernement « d'un pays qui lui donnait l'hospitalité depuis de « longues années. Cependant M. Chadourne a conti-

« nué à faire publier dans les journaux dont il était « correspondant attitré des nouvelles mensongères « et de nature à jeter le discrédit sur la Bulgarie à « l'étranger, et par ses agissements à l'intérieur il « contribuait à susciter des difficultés au gouverne- « ment. Aussi, pour mettre un terme à une pareille « situation, le gouvernement princier, à son grand « regret, et sans avoir l'intention de porter atteinte « aux traités en vigueur, s'est vu dans la nécessité « d'expulser ce correspondant, dont le séjour en « Bulgarie, constituait un danger pour la tranquil- « lité du pays. D'ailleurs, la mesure prise contre « M. Chadourne, ne constitue pas à l'avis du gouver- « nement bulgare, une violation des traités, par les « motifs que les traités sont absolument muets en « ce qui concerne le traitement réservé aux étran- « gers qui se mêleraient des affaires politiques inté- « rieures, et susciteraient par leurs actes ou leurs « écrits des difficultés au gouvernement... En con- « séquence, le soussigné, tout en regrettant de devoir « informer M. le gérant de l'agence et consulat de « France, que cette mesure ne pourra être rapportée, « exprime l'espoir que les relations des deux pays « n'en seront pas troublées. »

C'était un refus catégorique, essayant de se retrancher derrière l'absence des textes, ou feignant de les ignorer ; d'ailleurs l'importance de l'incident n'avait échappé à personne, il s'était répandu bruyamment : la dignité de la France lui défendait de reculer, et son gouvernement le comprit.

Mais M. Ribot, ministre des Affaires étrangères, au lieu de s'adresser directement au cabinet bulgare pour traiter de l'incident, et parler plus haut à la suite de ce premier échec, eut l'habileté de remonter de l'État tributaire à l'État suzerain et de la Bulgarie à la Turquie. — Ce fut donc notre ambassadeur à Constantinople, M. Cambon, qui transmit la note suivante, par laquelle l'affaire prenait une tournure nouvelle et se discutait directement avec la Sublime-Porte : « L'ambassade française, disait cette note, a « l'honneur de porter à la connaissance de la Porte « que M. Chadourne, correspondant de l'agence « Havas, a été expulsé du territoire bulgare, sans « que les autorités bulgares aient considéré qu'il « était de leur devoir de réclamer l'intervention du « consulat français à Sofia ainsi qu'elles auraient « dû le faire en vertu des traités conclus entre la « Turquie et la France, traités qui engagent la Bul- « garie comme faisant partie de l'empire ottoman. « En portant cette violation des traités à la connais- « sance de la Porte, l'ambassade française se croit « obligée d'appeler son attention sur les conséquen- « ces que cette violation peut avoir. »

Une pareille démarche rappelait la Bulgarie à la réalité des convenances, et la faisait souvenir de sa situation internationale de province autonome et non pas d'État libre : réponse délicate aux manifestations dont le gouvernement de la principauté avait été prodigue depuis quelque temps pour affirmer par sa seule volonté, son indépendance de fait sinon de droit vis à-vis du sultan. — L'initiative de la France était un avertissement doublé d'une leçon et indiquait aux diplomates de Sofia que ce n'était pas par la violence et l'intimidation qu'ils pourraient briser les derniers liens de vassalité les séparant encore d'une liberté absolue ardemment et dès longtemps désirée. De son côté, la Porte, heureuse autant qu'étonnée de voir ses droits sur la Bulgarie officiellement reconnus et particulièrement satisfaite de se donner de l'importance par une démarche où ses droits ne seraient pas lettre-morte — chose à laquelle la politique européenne ne l'avait pas habituée — s'empressa de demander par l'intermédiaire du grand Vizir Saïd-Pacha, des explications catégoriques au ministre des Affaires étrangères de Sofia. Enfin, d'autre part, M. Ribot, lui-même, devait consacrer la forme nouvelle autant qu'heureuse qu'il donnait à l'incident par cela même qu'il l'élargissait, dans des déclarations solennelles et publiques à la tribune même du Parlement.

La presse française avait en effet discuté et commenté les démêlés que nous avons rapportés ; certains bruits alarmistes de ruptures avaient même couru avec persistance et selon l'habitude propre à tel ou tel journaliste on avait vu dans tout l'incident la main provocatrice de l'Angleterre: l'opinion s'était émue et le 28 décembre M. Millevoye adressait à la Chambre une question à M. Ribot. — Après avoir retracé l'incident, — et être remonté jusqu'à ses causes lointaines, — après avoir âprement critiqué M. Stambouloff, sa politique et sa diplomatie, l'interpellateur félicitait le ministre d'avoir transporté les négociations à Constantinople et terminait par ces mots : « Si les capitulations ne couvrent plus nos « nationaux, êtes-vous assuré de pouvoir garantir « longtemps encore la sécurité ou la dignité de vos « propres représentants ? A l'heure présente, votre « action diplomatique se trouve transportée en droit « et en fait de Sofia à Constantinople. Il y a là un « gouvernement, une diplomatie, des forces morales « et matérielles, tout ce qui manque actuellement à « la principauté ; la puissance suzeraine ne cherche, « elle, à s'affranchir ni de loi, ni de la foi des trai- « tés. Vous n'avez plus rien à faire en Bulgarie. »

Dans un langage clair et précis en réponse à la question qui lui était faite, M. Ribot posa nettement la question des capitulations et la présenta sous son jour le plus exact. Il résuma la situation véritable de la Bulgarie vis-à-vis de l'Europe, en faisant ressortir toutes les incapacités internationales dont l'avait frappée le congrès de Berlin. Son discours à la fois digne et modéré, prononcé devant la

Chambre, en pleine connaissance de cause, indiquait que la France ne renonçait à aucun de ses droits, qu'elle considérait comme autant de devoirs, elle les revendiquait tous au contraire : l'incident Chadourne au lieu d'affranchir la Bulgarie d'obligations considérées par elle comme autant de déchéances, aboutissait seulement au maintien officiel et absolu de ces obligations. Le plan de M. Stambouloff s'effondrait de lui-même et la longue campagne qui avait précédé la dernière atteinte aux traités demeurait inutile et vaine.

« La Chambre, sait, déclara M. Ribot, quelle est « la situation légale de la Bulgarie : au terme des « traités, la Bulgarie n'est pas un État indépendant ; « elle fait partie intégrante de l'empire ottoman ; elle « est restée placée sous la suzeraineté du sultan et « elle est soumise au régime des capitulations.

« A cet égard aucune contestation n'est possible ; « il n'y a aucune obscurité, car l'article 8 du traité de « Berlin porte expressément : « les immunités et « privilèges des sujets étrangers, ainsi que les droits « de juridiction et de protection consulaires tels « qu'ils ont été établis par les capitulations et par les « usages, resteront en pleine vigueur tant qu'ils n'auront pas été modifiés du consentement des parties « intéressées. » Et comme aucun consentement n'est « intervenu depuis l'acte de Berlin, il est hors de « toute contestation que la Bulgarie est obligée de

« respecter les capitulations. Ce point établi, le gou-
« vernement bulgare peut-il, de son autorité propre et
« sans aucun concours des consuls étrangers, mettre
« la main sur un de leurs nationaux, le conduire à la
« frontière, l'expulser en un mot ? Il ne me paraît
« pas qu'il puisse y avoir sur cette question le moin-
« dre doute.

« Le principe général dans les pays de capitula-
« tion, c'est qu'aucun acte de juridiction ou d'exécu-
« tion ne peut être fait sans l'intervention du consul,
« sans son entremise. Les consuls de France sont
« armés du pouvoir d'expulser les nationaux français
« par les ordonnances de l'ancienne monarchie. Ce
« droit d'expulsion est le corollaire, la conséquence
« nécessaire du régime même des capitulations qui
» ne consacrent nullement l'impunité au profit des
« nationaux français s'ils se livraient à des menées
« de nature à compromettre l'ordre public, mais qui
« exigent que le consul intervienne pour exercer au
« nom de la France et du consentement du sultan,
« la juridiction, la police, dans le sens le plus large
« du mot, qu'il s'agisse de la juridiction des tribu-
« naux ou de la juridiction administrative comme en
« matière d'expulsion...

« Dans ces conditions, je n'ai pas hésité à pres-
« crire à M. Lanel d'adresser une déclaration, de
« demander que l'ordre d'expulsion (de M. Cha-
« dourne) fût purement et simplement rapporté et

« que l'engagement fût pris par le gouvernement « bulgare de ne plus procéder avec la même irrégu-« larité. — La demande a été adressée ; nous avons « obtenu une réponse qui n'a pas paru satisfaisante « et dans ces conditions j'ai invité notre agent à « interrompre toutes relations avec le gouvernement « bulgare. En outre, comme la Bulgarie ne relève « pas uniquement d'elle-même, mais qu'elle relève « aussi de la Porte et que la Porte doit veiller dans « l'intérêt même de sa suzeraineté, à la fidèle et com-« plète exécution des traités, plein de confiance dans « la sagesse et la bonne volonté du sultan, j'ai saisi « le gouvernement ottoman de la question et je lui « ai demandé de faire son devoir. La Porte a immé-« diatement invité le gouvernement de Sofia à lui « fournir des explications sur l'incident et les cir-« constances dans lesquelles il s'est placé. L'affaire « en est là. Je n'ai pas voulu la mener avec une pré-« cipitation qu'elle ne comporte pas, je ne veux pas « ajouter à la gravité de l'incident, je le juge en lui-« même. Je n'ai pas à m'expliquer sur une situation « générale, ni sur l'attitude que les différentes puis-« sances de l'Europe pourraient prendre si la ques-« tion s'élargissait et devenait une question de poli-« tique européenne. Je me borne à dire que la foi « due aux traités et, dans une certaine mesure, la « dignité du gouvernement français, nous obli-« geaient à agir comme nous l'avons fait. Nous con-

« tinuerons de procéder avec le même calme et la « même patience mais aussi sans faiblesse et j'espère « qu'après ces explications la Chambre voudra bien « reconnaître que le gourvernement français a rem- « pli son devoir et fait tout ce que les circonstances « exigeaient de lui. »

Les applaudissements qui accueillirent cette déclaration dont la modération n'excluait pas la fermeté montrèrent au gouvernement et à son chef que la Chambre comprenait toute la véritable portée de l'incident et approuvait la façon habile dont la question avait été posée. L'intervention de M. de Douville-Maillefeu, pour le moins intempestive, et qui essaya de justifier l'attitude de la Bulgarie ne pouvait modifier les sentiments de l'assemblée et après un nouvel échange d'observations, le débat fut clos sans ordre du jour : l'attitude correcte de la diplomatie française ne réclamait pas de sanction. Le devoir de chacun était de laisser le champ libre aux négociations engagées et d'attendre avec confiance la solution prochaine de l'affaire et la juste satisfaction donnée aux légitimes remontrances de la France.

D'ailleurs, les explications demandées par la Turquie au cabinet bulgare avaient déterminé chez celui-ci une panique salutaire et la crainte d'un conflit plus sérieux devait amener forcément le gouvernement princier à composition. Mais le caractère entier et autoritaire de Stambouloff s'indignait d'une concession que réduisaient à néant des espérances dès longtemps caressées et que nous avons vues se développer dans une série de faits précis capables de créer des précédents et de faire autorité. Revenir en arrière, subir cette double humiliation de souscrire aux exigences de la France sur la demande de l'autorité suzeraine de la Porte, renoncer à tous les fruits de la longue campagne si habilement menée, toutes ces considérations déchiraient le cœur du dictateur, qui voulut du moins justifier sa conduite en la basant sur la lettre même des traités. Devancé dans son œuvre, il se résigna à discuter ces capitulations qu'il avait violées : les discuter, c'était déjà les reconnaître ; mais de cette discussion même, faite solennellement dans une note diplomatique, pouvait résulter pour la Bulgarie telle ou telle amélioration, dans le traitement auquel elle était soumise. Et puis, quelque vaines que soient de semblables manifestations, la pensée de Stambouloff était peut-être qu'une protestation motivée contre le régime des capitulations rendant, d'après lui, tout gouvernement impossible en Bulgarie, pourrait émouvoir l'opinion publique, l'intéresser aux questions qui passionnaient la principauté, montrer l'injustice des privilèges maintenus contre un État chrétien, soumis au parlementarisme et doté d'une constitution. Enfin battu d'avance si l'on considère les résultats de l'incident, le premier ministre voulait du moins indiquer qu'il avait le droit pour lui et que s'il cédait, il ne cédait qu'à la force. Il voulut revendiquer ce droit dont il prétendait avoir usé seulement lors de l'expulsion de M. Chadourne, et, le principe posé, accepter une situation humiliante, rendue nécessaire par la tournure même donnée au conflit. La note explicative du 20 décembre transmise à la Porte, pour être ensuite, de là, communiquée à la France, fut le résultat de cet état d'esprit. Nous allons la discuter et l'analyser dans le chapitre suivant.

CHAPITRE II

Discussion juridique de l'affaire Chadourne.

L'affaire Chadourne était entrée, nous l'avons vu, dans une phase nouvelle. A la demande de la France et de son ambassadeur à Constantinople, M. Cambon, le grand-vizir Saïd-Pacha, agissant au nom de la Turquie et exerçant le droit suzerain de celle-ci vis-à-vis de la Bulgarie, avait demandé au gouvernement princier des excuses ou des explications. Elles ne se firent pas attendre : le ministre des Affaires étrangères, M. Grecoff, envoya la note suivante que nous citerons tout entière malgré sa longueur parce qu'elle constitue un document des plus curieux au point de vue des capitulations bulgares : c'est le plaidoyer le plus complet en faveur de la disparition définitive de ces capitulations et qui montre du même coup, comme nous l'avons d'ailleurs indiqué dans le précédent chapitre, à quel point la Bulgarie espérait, à la faveur de cet incident, soigneusement préparé et réglé par elle, s'affranchir du dernier obstacle qui la séparait encore de la pleine et définitive indépendance :

« Mémoire remis à la Sublime-Porte par l'agent diplomatique de Bulgarie à Constantinople au nom du gouvernement princier, relativement au différend franco-bulgare.

« Dans son désir, disait ce mémoire, d'écarter tout malentendu et de fermer la voie à des appréciations exagérées ou inexactes sur le regrettable incident qui a surgi entre la France et la Bulgarie à propos de l'expulsion de M. G. Chadourne, citoyen français, correspondant de l'*Agence Havas* et du *Times* à Sofia, le gouvernement bulgare se fait un devoir d'exposer, dans ce mémoire, les points de fait et de droit qui se rattachent à la mesure dont le correspondant en question a été l'objet. M. Chadourne était chargé, depuis 1887, par le correspondant du *Times* à Vienne, d'envoyer à ce dernier des nouvelles sur les affaires de Bulgarie et c'est au mois de mars 1890, qu'il a été chargé du service de l'*Agence Havas* à Sofia. Depuis à peu près une année, le gouvernement princier commença de relever certaines nouvelles malveillantes et tendancieuses, à l'égard de la Bulgarie, simultanément dans les deux organes de la presse européenne dont M. Chadourne était le correspondant attitré. Des observations furent faites à diverses reprises à ce dernier, qui, loin d'en tenir compte, se signala bientôt par une conduite des plus répréhensibles. Ainsi, au mois de mars et d'avril, ses nouvelles, publiées par l'*Agence Havas* et le *Times*, renfermaient de telles calomnies sur les autorités du pays et dénaturaient à tel point les affaires bulgares, son attitude en public était devenue si manifestement hostile à l'ordre des choses existant en Bulgarie que M. le ministre de l'Intérieur donna l'ordre à la préfecture de police d'inviter ce correspondant à quitter le territoire dans les vingt-quatre heures.

« Aussitôt que la police eut fait cette intimidation, M. Chadourne se réfugia à l'agence et consulat général de France, où il demeura une huitaine de jours. Sur l'intervention de M. Lanel, gérant de l'agence de France et à la suite de démarches bienveillantes faites à titre privé par quelques agents diplomatiques à Sofia, le gouvernement bulgare consentit à rapporter la mesure d'expulsion, dans l'espoir que le correspondant qui en devait être frappé s'amenderait et ne susciterait plus de difficultés au gouvernement. Dans un entretien qu'il eut en cette circonstance au ministère, avec M. le gérant de l'agence et consulat général de France, M. Grécoff, ministre des Affaires étrangères, ne dissimula pas les intentions du gouvernement bulgare à ce sujet et déclara à M. Lanel, que son ressortissant serait expulsé s'il ne changeait pas d'attitude. Il n'est pas sans intérêt de citer à cet endroit, qu'au moment même où il venait d'obtenir en sa faveur le retrait de la mesure décrétée contre lui, M. Chadourne faisait insérer dans les feuilles de l'*Agence Havas*, une correspondance formulée en des termes irrespectueux envers la personne du souverain de la Bulgarie, de ses ministres et de quelques-uns des représentants des puissances à Sofia. Le gouvernement bulgare passa outre, résolu qu'il était à mettre à l'épreuve les dispositions de M. Chadourne qui avait promis de s'amender. A l'encontre de ses promesses, M. Chadourne continua à répandre dans la presse européenne et surtout française, des nouvelles fausses et calomnieuses tendant à jeter le discrédit sur la Bulgarie à l'étranger ; il se remit également à faire des agitations à l'intérieur en affichant ses relations avec les partis de l'opposition factieuse et en tenant auprès de quelques officiers des propos téméraires dirigés contre l'ordre légal existant dans le pays.

« En présence de ces agissements coupables d'un ressortissant étranger qui jouait le rôle d'agent provocateur à l'intérieur et cherchait à discréditer la Bulgarie au dehors, la longanimité du gouvernement eût été de la faiblesse.

Dans le courant du mois de novembre dernier, le ministre des Affaires étrangères eut au ministère un nouvel entretien avec M. le gérant de l'agence de la République française. M. Grécoff appela la sérieuse attention de M. Lanel sur la conduite intolérable de M. Chadourne et lui déclara derechef que si un ressortissant continuait à faire publier dans ses journaux, des nouvelles mensongères et à se mêler des affaires politiques intérieures, les autorités bulgares procéderaient irrévocablement à son expulsion. M. le gérant de l'agence de France ayant alors suggéré qu'une communication écrite lui fût adressée à ce sujet, le ministre des Affaires étrangères le pria de ne pas insister sur une demande par écrit, en lui faisant observer que l'agence de France ne répondait à des notes signées du ministre, que par des notes verbales et que, dans beaucoup de cas, elle n'avait même donné aucune réponse aux communications réitérées par écrit du département. M. Grécoff pria en conséquence M. Lanel de vouloir bien représenter l'état des choses à son haut gouvernement ainsi que les résolutions définitives du gouvernement princier, au cas où un pareil état de choses ne cesserait point. Le gouvernement bulgare eut bien vite lieu de constater que, nonobstant les instances faites auprès de M. le gérant de l'agence et consulat général de France et malgré les nombreux avertissements donnés à M. Chadourne, celui-ci persistait dans son système d'attaques injustifiées contre la Bulgarie et son gouvernement. Pour mettre un terme à une situation qui constituait un danger pour la tranquillité du pays et portait préjudice aux intérêts bulgares à l'étranger, M. le ministre de l'Intérieur se trouva dans la nécessité de rendre un arrêté d'expulsion contre M. Chadourne, qui fut arrêté le 28 novembre vers 10 heures du soir, mis sur une voiture et conduit sous escorte à la frontière serbe. Le gouvernement français a protesté contre la mesure d'expulsion prise contre un de ses concitoyens. Dans la note qu'il a adressée à cet effet le 11 décembre au ministère des Affaires étrangères, M. le gérant de l'agence et consulat général de France a déclaré que cette mesure constitue une violation flagrante et préméditée des traités existants, et, en réservant la question d'indemnité, en faveur de M. Chadourne, a demandé que le gouvernement bulgare rapportât l'arrêté d'expulsion, prît l'engagement écrit de ne pas inquiéter son ressortissant dans l'éventualité de son retour à Sofia, et répondît à cette communication dans les vingt-quatre heures.

« Dans sa réponse qu'il lui fit parvenir le lendemain, le ministre des Affaires étrangères rappelle à M. le gérant de l'agence et consulat général de France, les divers incidents qui précédèrent la mesure prise, en dernier lieu par le gouvernement bulgare, incidents que M. Lanel avait passés sous silence dans sa communication. Il lui fait observer que cette mesure ne constitue pas une violation des traités, pour la raison que les traités sont absolument muets en ce qui concerne le traitement réservé aux étrangers qui se mêleraient des affaires politiques intérieures et susciteraient par leurs actes ou leurs écrits des difficultés au gouvernement. A cet égard, M. Grécoff ajoute que dans les questions qui intéressent l'ordre public et réclament le respect des institutions du pays, le gouvernement bulgare se croit en droit de suivre les principes qui guident tous les États. En terminant, le ministre des affaires étrangères regrette de ne pouvoir informer M. le gérant de l'agence et consulat général de France que la mesure ne pourra être rapportée; mais en même temps, il exprime l'espoir que le gouvernement de la République, dans ses sentiments de justice et d'équité, voudra bien tenir compte des motifs d'ordre supérieur qui ont dicté la conduite du gouvernement princier en cette circonstance et n'attribuera pas à ce fait un caractère tel qu'il puisse affecter les bonnes relations entre la France et la Bulgarie.

« Deux heures après la réception de cette note responsive, M. le gérant de l'agence et consulat général de France, se rendait auprès du ministère des Affaires étrangères et lui déclarait que, comme le gouvernement bulgare n'avait pas donné suite à la demande du gouvernement français, il avait l'ordre de son gouvernement d'interrompre les relations entre la France et la Bulgarie.

« A la suite de cet exposé circonstancié des faits se présente la question de savoir si le gouvernement bulgare a enfreint les capitulations et traités en vigueur dans la principauté en prenant un arrêté d'expulsion contre un étranger, qui, abusant de l'hospitalité que le pays lui donne, s'immisce dans les affaires politiques intérieures, répand de fausses nouvelles et se livre ainsi à des agissements de nature à jeter le trouble dans les esprits et à créer des embarras au gouvernement. Les capitulations ont eu dès l'origine, pour but de consacrer la conservation et le libre usage des Lieux saints, de soustraire les chrétiens à la religion turque, et d'établir des relations commerciales régulières et suivies entre les pays étrangers et l'empire ottoman : en d'autres termes, les puissances ont voulu assurer à leurs ressortissants, qui se rendaient au Levant, la protection de leur culte et le libre exercice de leur commerce.

« Il suffit d'examiner les premières capitulations qui ont servi de modèle à tous les traités ultérieurs, pour se convaincre que, en dehors de la question religieuse qui a été la question initiale et occasionnelle, les capitulations sont une œuvre essentiellement commerciale.

« Soucieuses d'entourer de toutes les garanties possibles, le séjour et les intérêts de leurs négociants dans les possessions de l'Empire, les puissances obtinrent de la Porte ottomane en leur faveur certaines immunités de juridiction exceptionnelles, dérogeant aux principes du droit international, entre autres celle qui oblige les autorités locales, au cas où elles arrêteraient un étranger, d'en aviser le consulat dont il relève. C'était là évidemment, dans l'esprit des parties contractantes, une sorte de contrôle à exercer par l'autorité consulaire, en vue de la protection qu'elle doit à ses nationaux et à leurs intérêts commerciaux. Or, si l'on trouve dans les capitulations clairement défini, le mode de procédure à observer pour l'examen des procès en matière civile et criminelle soit entre étrangers et indigènes, soit entre les étrangers de différentes nationalités, on chercherait vainement une règle de procédure en cas de poursuites pour crimes ou délits commis par les étrangers contre la sécurité de l'État. Les capitulations sont muettes sur ce point, pour la simple raison que, à l'époque où elles ont été obtenues, les puissances connaissaient suffisamment les présomptions absolues du régime ottoman sur le terrain politique intérieur, prescriptions qui n'ont pas dû être modifiées depuis lors.

« Ainsi, lorsqu'il s'est agi de l'établissement des imprimeries et du service de la presse en Turquie, le gouvernement impérial ottoman a pris les mesures les plus rigoureuses, afin de se prémunir contre toute entreprise de nature à porter préjudice aux intérêts de l'empire, tant du côté des indigènes que de la part des étrangers. La preuve en est que, en matière de délits par la voie de la presse, les étrangers sont en tous points assimilés aux indigènes. Ce principe, inscrit formellement dans la loi ottomane, sur la presse, promulguée en 1865, démontre clairement que les immunités de la juridiction exceptionnelle ne sauraient être invoquées en faveur d'étrangers, auteurs d'actes ou d'écrits hostiles au gouvernement : les règlements de police sont absolument applicables à cette catégorie d'étrangers. Il serait donc inutile de vouloir chercher dans les capitulations ce qui ne s'y trouve pas et forcer par une interprétation spécieuse et arbitraire le sens d'une de leurs clauses pour en étendre la portée dans l'unique but de rendre illusoire en Bulgarie le pouvoir de l'État à l'égard d'étrangers coupables de manœuvres attentatoires à l'ordre public. Et en définitive, il faut en revenir au droit international qui établit que l'expulsion est une mesure et un droit de police qui appartiennent à tous les États et dont le gouvernement bulgare, à son tour, use à leur exemple. Un État sur son territoire étant seul juge des mesures à prendre en vue du maintien de l'ordre et pour la défense des intérêts publics menacés, le gouvernement bulgare se considère comme seul compétent de décider, s'il est opportun et nécessaire d'expulser à un moment donné un étranger qui se signalerait par des actes d'hostilité contre le pays et ses institutions. Pénétré de ses devoirs comme de ses droits, le gouvernement princier a fait, en plus d'une circonstance, usage de cette mesure de police à l'égard de sujets de divers

États étrangers. Par exemple il pourrait rappeler les expulsions opérées en Bulgarie, dans ces derniers temps, de sujets russes et même d'un citoyen hellène, sur la demande du gouvernement impérial de Russie, appuyé par toutes les grandes puissances. Il pourrait également citer des cas d'expulsion d'autres étrangers, parmi lesquels deux citoyens français : les sieurs Lindenlaub, correspondant du *Temps*, expulsé de Sofia en 1887 et Mairin, correspondant du journal révolutionnaire *Le 3 août* expulsé de Roustchouk en 1889. Dans les deux cas, la police locale a agi directement, sans donner avis à l'autorité consulaire ; l'agence et consulat général de France n'a pas soulevé la moindre objection à propos de l'expulsion de M. Lindenlaub et si elle a protesté contre la mesure prise contre M. Mairin, l'incident n'a pas eu de suites. Dans le même ordre d'idées et de faits, le gouvernement bulgare avait cru devoir mentionner en cette circonstance, la note-circulaire, adressée à la date du 27 décembre 1886 et sous le numéro 4502 par le ministère princier des Affaires étrangères aux agences diplomatiques à Sofia et dans laquelle il était dit que les étrangers qui s'immisceraient dans les élections seraient expulsés du territoire. Les agences diplomatiques, y comprit celle de France, prirent acte de cette notification sans faire d'objections, à l'exception de l'agence diplomatique de Russie, dont le titulaire

M. le général Kaulbars, contesta ce droit, au gouvernement princier : il est vrai que le gouvernement impérial de Russie a déclaré depuis, dans une note récente, que le gouvernement bulgare conserve toujours la faculté, quel que soit l'emploi privé occupé par un ressortissant étranger en Bulgarie, de l'expulser de la principauté.

« Enfin, si l'on se réfère à la pratique suivie en Roumanie et en Serbie, dans des cas analogues, on constatera que ces deux États, à l'époque où ils étaient soumis au régime des capitulations, exerçaient dans sa plénitude le droit d'expulser les étrangers suspects ou dangereux.

Il résulte de ce qui précède : 1° que le gouvernement bulgare, à l'instar de tous les États, a le droit absolu, d'expulser un ressortissant étranger dont la présence sur le territoire constituerait un danger pour l'ordre et la tranquillité publique.

2° Que M. Chandourne transmettait aux journaux dont il était le correspondant des nouvelles mensongères, hostiles à la Bulgarie et que, malgré les avertissements réitérés qui lui furent donnés, il n'avait pas changé d'attitude : sa correspondance parue récemment dans l'*Agence Havas* en fournit la preuve.

3° Et que le ministre des affaires étrangères avait, à deux reprises différentes, notifié à M. le gérant de l'agence et consulat général de France, des griefs du gouvernement princier contre M. Chadourne et lui avait déclaré en dernier lieu, que ce citoyen français serait irrévocablement expulsé s'il persistait dans ses attaques systématiques contre le pays et son gouvernement.

« Les faits qui ont motivé l'expulsion de M. Chadourne sont maintenant connus ; les considérations puisées dans les traités sur la question de droit que cette mesure soulève militent en faveur du point de vue du gouvernement bulgare.

Toutefois, en admettant même que, d'après les capitulations, l'autorité consulaire aurait dû être avisée au préalable de l'arrêté d'expulsion pris contre son ressortissant, les faits ci-haut relatés prouvent que l'agence et consulat général de France en avait été avertie, de telle sorte qu'elle aurait dû d'elle-même prendre des mesures de rigueur à l'égard de son citoyen récalcitrant, afin de prévenir toute cause de conflit entre les deux gouvernements. Mais on ne saurait admettre que le gouvernement princier fût tenu à une véritable abdication de son autorité pour — en communiquant au préalable à l'autorité consulaire ou à son ressortissant l'ordre d'expulsion — offrir à M. Chandourne, la possibilité de se réfugier de nouveau dans le domicile consulaire. Quiconque a suivi de près les diverses péripéties de cette affaire qui traînait depuis une année environ conviendra que le gouvernement bulgare dans sa longanimité, a épuisé tous les moyens pour éviter un conflit avec le gouvernement français. Le gouvernement princier n'ayant pas rapporté son arrêté d'expulsion, le gouvernement de la République a cru devoir interrompre les relations diplomatiques entre la France et la Bulgarie, sans attendre même les explications que le gouvernement bulgare pouvait lui donner à ce sujet.

« Aussi le gouvernement de la principauté a-t-il été d'autant plus affecté de cette décision du gouvernement français que celui-ci a cru pouvoir le juger avant de l'avoir entendu. Mais aujourd'hui que les faits sont connus, le gouvernement français voudra bien reconnaître que, en procédant à l'expulsion de M. Chadourne, le gouvernement bulgare n'a pas encouru le reproche d'avoir violé les traités en vigueur et n'a jamais eu la pensée de froisser le gouvernement d'un pays comme la France qui a toujours donné aux petites nationalités des témoignages de sa sollicitude. Le gouvernement de la principauté se plaît donc à espérer que le gouvernement de la République française, dans ses sentiments de justice, daignera revenir sur sa décision et rétablir les relations diplomatiques entre la France et la Bulgarie. »

Sofia, le 20 décembre, vieux style 1891.

Nous ne reviendrons pas sur les faits, — nous les avons précédemment exposés avec impartialité : le gouvernement bulgare dans la note ci-dessus parle de démarches réitérées faites à l'agence de France, que celle-ci a toujours niées dans la suite : ce point reste obscur, et nous ne reviendrons sur lui qu'en passant et sans en tirer d'arguments. Nous nous contenterons de discuter la question de droit strict, et de nous placer en face des textes et des usages pour justifier pleinement l'attitude de protestation du gouvernement français vis-à-vis d'une dérogation indéniable à ces textes et à ces usages.

Nous écarterons d'abord la thèse hardie, soutenue par la presse anglaise, et considérant que les capitulations bulgares avaient pu exister après le congrès de Berlin, mais n'avaient pas survécu au coup d'État du 18 septembre 1883, qui avait réuni la Roumélie à la Bulgarie, coup d'État auquel l'adhésion du sultan avait donné l'apparence de la légalité. Cette opinion n'est que spécieuse et superficielle. C'était, il est vrai de le dire, une infraction à l'acte final du congrès. La force d'expansion d'une nationalité contrariée dans ses inspirations, avait été plus puissante, dans la réalité des faits, que les calculs de la diplomatie, pesés soigneusement et enregistrés dans des actes solennels, n'ayant d'autre valeur que la bonne foi et la volonté des parties contractantes. Mais parce que l'un des articles de cet acte final était devenu caduc, sans qu'une véritable protestation ait même été formulée et parce que la Révolution une fois de plus et sur un point spécial, avait donné tort dans sa brutalité, aux manifestations du droit international moderne, fallait-il en conclure qu'un article voisin devait être caduc lui aussi et était-ce du jour où la Bulgarie devenait plus forte, plus hardie, et plus ambitieuse qu'il fallait abandonner des garanties que l'acte de septembre 1883 rendaient d'autant plus nécessaires que le succès de cet acte avait fait la Bulgarie plus sûre d'elle-même et plus dédaigneuse des privilèges conservés par l'Europe dans un sentiment d'inquiétude et de défiance ? Argumentation bien subtile en vérité, et qu'on aurait pu pousser à l'extrême en prétendant que l'atteinte portée à l'acte final du congrès de Berlin par le soulèvement des Rouméliotes et le silence des chancelleries, jetait bas tout l'édifice et qu'il ne restait dès lors plus rien de l'œuvre de ce congrès si fertile en conséquences immédiates ou lointaines.

La vérité, c'est qu'en décembre 1891, les capitulations existaient en Bulgarie et c'est en discutant ces capitulations elles-mêmes qu'on discutera l'affaire Chadourne. La seule question était et demeurait celle-ci: La Bulgarie avait-elle outrepassé ses droits en expulsant M. Chadourne, citoyen français ; la France dépassait-elle les siens en protestant contre un pareil acte au nom des usages capitulaires ?

Nous avons vu que la note bulgare considérait, à tort d'ailleurs, que les capitulations ne parlent pas du droit d'expulsion et qu'en l'absence d'un article précis ce droit demeure en quelque sorte la propriété des gouvernements soumis à ces capitulations. Nous citerons tout à l'heure à cet égard un texte formel; mais tenons-nous-en d'abord à l'idée maîtresse des privilèges abandonnés aux nations européennes, — idée de protection et de sauvegarde, sauvegarde personnelle et réelle s'adressant aux individus et aux fortunes ; — et les couvrant en face de l'arbitraire et du despotisme.

Or, s'il est une manifestation de l'arbitraire n'est-ce pas la faculté et surtout la facilité d'expulser, souvent pour un caprice et sans motif, le premier venu dès qu'il a cessé de plaire. Dès lors, toute sécurité disparaissait pour les résidents étrangers : un simple arrêté pouvait anéantir et ruiner d'un seul coup le commerce, et le crédit d'un expulsé, et en face d'une telle sentence administrative sans appel, nos consuls, s'ils avaient été désarmés, auraient été impuissants à maintenir non seulement notre prestige, mais même la prospérité de nos comptoirs paralysés par la perspective d'un pareil danger en face d'autorités vénales prêtes à toutes les compromissions. Il en serait résulté les pires résultats contre la liberté individuelle ; la confiance dans le lendemain, la certitude d'opérer sur un terrain solide, tout ce qui constitue la force du commerce, tout ce qui permet son développement se serait effondré par le fait même ; les capitulations qui ont été dès l'abord un peu religieuses et surtout commeciales n'avaien plus leur raison d'être principale et perdaient leur véritable esprit. Le premier souci des diplomates devait être en conséquence de parer à un tel inconvénient, d'endiguer cet arbitraire et d'éviter des catastrophes de ce genre. Aussi à cet égard les traités étaient-ils nets dans leur précision. Le droit d'expulsion appartient aux seuls consuls. Les capitulations de 1672 et de 1740 confirmées par les traités de commerce franco-ottomans du 25 novembre 1838 et du 29 avril 1861 ne laissent sur ce point aucun doute, et l'édit de juin 1778, dans son article 82, confie au seul consul, à l'exclusion de tout autre, ce droit d'expulsion. « Dans tous les cas, dit-il textuellement, qui intéressent la politique ou la liberté du commerce de nos sujets dans les pays étrangers, pourront nos consuls faire arrêter et renvoyer en France par le premier navire de la nation tout Français qui par sa mauvaise conduite ou ses intrigues pourrait être nuisible au bien général. »

Notons en passant le mot politique ; nous y reviendrons en insistant plus loin et constatons seulement que du moment où le consul peut expulser ses ressortissants, ce qui lui donne un droit positif, le corollaire de ce droit, sa conséquence immédiate c'est qu'il peut expulser seul ses nationaux à l'exclusion des autorités turques. A cet égard les usages et les précédents sont formels et la prétention présentée par le gouvernement bulgare dans la note reproduite plus haut était contraire à l'article 82 de l'édit de juin 1778 fortifié par un siècle d'application ininterrompue.

Cette idée si juste ne fait de doute pour personne : « Comment, déclarait peu après l'incident, M. Merignhac dans un article de la *Revue internationale* : les capitulations et l'incident franco-bulgare de 1891, comment donc concevoir que les puissances qui ne veulent même pas de l'ingérence de la Porte pour le jugement des litiges privés aient laissé à celle-ci le droit formidable d'expulsion que menacerait les Européens. » A cette constatation, l'autorité de la cour de cassation venait donner plus de valeur encore. Un arrêt du 1er décembre 1887 déclarait qu'il serait tout à fait contraire à l'esprit des capitulations et à l'édit de 1778 « que les Français justiciables des consuls de leur nationalité à raison des crimes ou délits commis par eux dans toute l'étendue des Echelles du Levant puissent être soumis aux sévérités résultant d'une expulsion du fait des autorités turques » et dès avant cette époque, un arrêt de la cour d'Aix du 20 novembre 1885, s'appuyant lui aussi « sur les termes de l'article 82 de l'édit de juin 1778 article maintenu par la loi du 28 mai 1836 » et au nom des mêmes considérations avait consacré pareille manière de voir.

Dès lors le gouvernement bulgare était mal venu lorsqu'il alléguait le terme et l'esprit des traités pour justifier sa conduite. Il pouvait se plaindre d'une seule chose. La courtoisie internationale avait eu en Bulgarie ce résultat : les résidents étrangers à qui l'on demandait l'expulsion de l'un de leurs ressortissants compromis dans une affaire de politique intérieure de la principauté accordaient généralement cette mesure, M. Voukovitck représentant bulgare à Constantinople et auteur de la longue note que nous avons reproduite plus haut indiquait à Saïd Pacha, ministre turc des Affaires étrangères que le gouvernement bulgare avait à plusieurs reprises et vivement attiré l'attention de M. Lanel, chargé d'affaire français à Sofia sur les agissements de M. Chadourne.

Mais cet argument était doublement sans valeur : le fait lui-même était formellement contredit par l'intéressé : M. Lanel, qui avait à plusieurs reprises déclaré être prêt à se saisir de toutes les réclamations de ce genre émanant des autorités de la principauté et M. Chadourne lui-même a écrit par la suite que notre chargé d'affaires avait spontanément déclaré à M. Grécoff que : « si le gouvernement bulgare tenait à l'expulsion il n'avait qu'à adresser à l'agence diplomatique de France une note énumératrice des griefs du gouvernement bulgare. »

Mais si, devant ces affirmations contradictoires, nous acceptons celle de M. Voukovitch, sans tenir compte de l'intérêt manifeste qu'il avait à la formuler, nous verrons que notre chargé d'affaires, en ne donnant pas suite aux réclamations qui lui furent présentées put manquer à la courtoisie, mais pas à coup sûr aux traités en vigueur et que ceux-ci furent violés seulement par la Bulgarie qui passa outre et se fit justice elle-même, alors qu'en aucun cas, sans déroger gravement aux capitulations elle ne pouvait, même en face de ce défaut d'urbanité, prendre une pareille responsabilité, et faire un tel geste.

Ce point est donc, selon nous, nettement établi : le droit d'expulsion n'appartenait pas au gouvernement bulgare et ne pouvait être exercé par lui. Reste à savoir comme ce gouvernement l'a prétendu, si ce droit, ne lui appartenant pas dans la généralité des cas, ne pouvait pas lui être dévolu dans certains tout-à-fait spéciaux et déterminés.

Ici, nous trouvons un texte; en 1865, une loi ottomane déclare que les délits de presse même accomplis par les étrangers seront appelés devant les tribunaux turcs. Une pareille disposition entraînait par extension le droit d'expulsion, puisque le fait d'être justiciable d'un tribunal turc privait les nationaux européens, pour un fait particulier il est vrai, du privilège le plus important que leur conféraient les capitulations; cette exemption de privilège devait avoir toutes ses conséquences; à ce délit pouvait correspondre une peine, et entre autres l'expulsion.

La loi avait été admise par les grandes puissances,

avait été appliquée et la Bulgarie, séparée de la Turquie après la promulgation de cette loi, devait bénéficier des avantages qu'elle comportait comme elle supportait d'ailleurs les inconvénients et les limitations de souveraineté que contenaient les autres traités. Il y avait là équité et pleine justice. C'était pour un délit de presse que M. Chadourne avait été expulsé. L'argument avait sa valeur et portait.

Il ne doit pas cependant résister à un examen attentif. Tous ceux qui ont été en Turquie connaissent l'incroyable sévérité des lois turques en matière de presse. Non seulement les idées les moins hardies, mais les mots même sont défendus. L'expression de « république » est tolérée à peine, et si, par impossible, un souverain est assassiné à travers le monde, la censure ottomane ne veut pas que cet assassinat figure aux nouvelles des journaux. On verrait-là une excitation et un encouragement au régicide. La mort du souverain ainsi assassiné figure bien dans les rares feuilles autorisées, mais elle n'est pas attribuée au poignard ou à la bombe : on la met sur le compte de l'apoplexie ou d'un anévrisme.

On nous pardonnera cet exemple pris entre mille et qu'on pourrait fortifier par d'autres exemples : cela pour montrer seulement jusqu'à quel point de ridicule arrive le gouvernement ottoman dès qu'il s'agit pour ses sujets d'exprimer librement par le journal une idée, de formuler une critique ou d'ébaucher un désir et pour expliquer pourquoi, seul de tous les délits, le délit de presse commis par un étranger a été, par dérogation aux usages, enlevé à la juridiction consulaire et rendu à la juridiction nationale.

Mais ici encore, dans l'affaire qui nous occupe, il y avait confusion voulue et la loi de 1865 qui est manifestement applicable à la Bulgarie, ne s'appliquait aucunement à l'affaire Chadourne.

M. Chadourne en effet n'était pas le rédacteur de journaux bulgares, mais le correspondant en Bulgarie de journaux étrangers, principalement de journaux français. Or, la loi de 1865 visait bien les journalistes assez hardis pour faire paraître à Constantinople les informations, même les plus anodines, mais n'avait jamais voulu s'adresser à ceux des étrangers qui, en résidence ou de passage en Turquie, envoyaient des correspondances à de grands journaux européens paraissant à Vienne, à Londres ou à Paris. Ceux-là demeuraient soumis entièrement et dans tous les cas à leurs consuls et il faut bien reconnaître que s'il en avait été autrement il eû été trop facile de s'autoriser de ce que le premier venu avait été de près ou de loin journaliste pour l'expulser sans autre forme de procès. A supposer donc que, dans les articles virulents que M. Chadourne publiait en France contre Stambouloff et son gouvernement, il ait commis des délits aux yeux de la loi bulgare, ces délits n'existaient ni en droit, ni en fait puisque cette prose incriminée était publiée en dehors de la principauté et dans un pays admettant la liberté de la presse. Les gouvernements n'ont la juridiction des crimes ou des délits que si, ceux-ci sont perpétrés sur son territoire, ou commis à l'étranger par leurs nationaux et à cet égard il n'y avait aucun doute possible : le délit de presse est commis là où l'article incriminé est publié.

Dès lors, si M. Chadourne aurait pu être poursuivi, en dehors de son consul, par le gouvernement bulgare et même expulsé par lui, s'il avait été le collaborateur d'un journal bulgare, d'après la loi ottomane de 1865, il ne pouvait à coup sûr pas l'être comme correspondant d'un journal français imprimant ses chroniques à plus de 500 lieues de Sofia.

L'argument s'effondrait donc à l'analyse et ne valait pas davantage que celui que nous allons exposer et qui était appuyé également sur un texte dont nous avons déjà parlé en passant dans le chapitre précédent, mais sur lequel nous allons nous arrêter : la note publique adressée le 27 septembre 1886 par le cabinet bulgare aux agents diplomatiques accrédités auprès du prince Ferdinand.

Dans cette note, qui n'était qu'une communication unilatérale, et qui n'a jamais eu en conséquence, l'allure d'une entente réciproque et la valeur d'un traité, de nature à modifier un traité précédent, il était déclaré que tout étranger s'occupant de questions électorales dans la principauté bulgare serait expulsé du territoire bulgare par le soin des autorités nationales. Cette note n'avait soulevé aucune protestation de la part des résidents étrangers, sauf de la part du résident russe.

Le gouvernement bulgare prenait donc prétexte de cette absence de protestation pour déclarer bien haut qu'il y avait eu de la part des nations européennes un aveu tacite, et que, du seul fait de leur silence, elles avaient renoncé au droit d'expulsion, au moins pour tout ce qui concernait les questions d'ordre politique. Nous avons indiqué d'ailleurs dans le précédent chapitre que cet incident avait été l'un des nombreux détails, de la patiente campagne engagée par la Bulgarie pour échapper d'une façon définitive aux capitulations.

Mais ici encore, un pareil argument était sans portée. Il n'a jamais été admis par le droit international public qu'une nation soumise à des obligations vis-à-vis d'autres nations puisse se dégager par une simple déclaration et le seul cas présentant une hardiesse pareille qu'on puisse peut-être citer dans l'histoire contemporaine est celui de la Russie en 1870, qui, par une simple note, déclara ne plus vouloir respecter la neutralité de la mer Noire que lui avait imposé le traité de Paris après la guerre de Crimée. Cette façon cavalière n'avait d'ailleurs pas été du goût des chancelleries et la chose par la suite ayant figuré dans le protocole du congrès de Londres avait été en quelque sorte régularisé par lui. Tel n'était pas la situation de la Bulgarie pour la note de septembre 1886. Il n'y avait eu aucune protestation, c'est exact, mais il n'y avait eu aussi aucune reconnaissance. Les ministres étrangers à Sofia avaient laissé passer la chose, sans intérêt tant qu'elle était platonique, en se réservant de la relever du jour où l'on mettrait à exécution les principes, que contenaient une pareille communication... et il faut reconnaître qu'il eût été vraiment trop facile pour la Bulgarie de se débarrasser de la sorte de priviléges génants par un acte de volonté communiqué souverainement à la diplomatie européenne, sans même que celle-ci en prenne acte et puisse protester par la suite devant les conséquences de cet acte de volonté.

Ici donc, une fois de plus, ce nouvel argument avait un sort pareil à ceux que nous avons précédemment énumérés et discutés, et au point de vue de l'expulsion, la situation de la France en ce qui concernait ses nationaux demeurait intacte en droit, basée sur les textes que d'autres textes mal interprétés, à dessein sans doute, par le gouvernement bulgare ne pouvaient parvenir à détruire.

Ainsi démenti par les textes dont il sentait lui-même pour sa cause la faiblesse et l'inanité, M. Grécof se rabattit sur les précédents, en affirmant que d'autres expulsions avaient eu lieu dans des conditions analogues et qu'elles n'avaient donné lieu à aucune protestation. Le ministre des Affaires étrangères bulgare en inférait qu'à la suite de ces manquements successifs aux capitulations, les traités n'existaient plus et étaient tombés en désuétude. C'était affirmer cette manière de voir que les traités ne valent que par l'usage et qu'ils sont soumis comme les actes civils à une sorte de prescription, résultant de l'abandon de leur exercice. Nous ne relèverons même pas la faiblesse d'un tel argument; en réalité, il ne valait ni dans le fond ni dans la forme. Dans le fond, cette idée de prescription ne pouvait en aucun cas s'appliquer à des traités solennels garantis par la responsabilité que de grands Etats y avaient engagé, fortifiés par plusieurs siècles d'usages admis ; c'était rendre bien chétifs les décisions et les volontés des grandes puissances que de les assimiler à des servitudes de passage ou à la possession individuelle d'un coin de terre abandonné. Dans la forme, les précédents pompeusement cités et amplifiés n'avaient pas le sens significatif que la Bulgarie voulait bien leur donner et c'était vraiment faire beaucoup d'honneur à des incidents sans portée que de leur donner cette influence décisive sur ces capitulations que leur antiquité, leur majesté même mettaient à l'abri, semble-t-il, de pareilles petitesses et de semblables discussions.

Ces précédents nous allons les examiner très vite

en passant, les ramener à leur véritable proportion, c'est-à-dire, et par le fait même, leur supprimer toute valeur avant de conclure sur l'ensemble de l'affaire et de justifier par cette conclusion l'attitude de fermeté habile dont avait fait preuve en cette circonstance délicate le gouvernement français.

Avant M. Chadourne, deux citoyens français: MM. Lindenlaub et Mairin avaient été expulsés. Nous avons rapporté ces expulsions dans le précédent chapitre. L'expulsion de Lindenlaub n'a jamais été prouvée: une dépêche postérieure à cette mesure administrative déclare que notre compatriote avait volontairement quitté Sofia en 1887 ; quant à Mairin la mesure dont il fut la victime donna lieu à une protestation de la part du consul de France et si l'affaire n'eut pas de suite, du moins ne passa-t-elle pas inaperçue et sans avoir été signalée à l'attention du gouvernement bulgare.

D'ailleurs la situation de M. Chadourne et celle de M. Mairin n'avaient aucune analogie, et l'expulsion du premier pouvait se justifier beaucoup moins que celle du second. Celui-ci était correspondant de journaux paraissant à l'étranger ; celui-là de feuilles publiées en langue bulgare et paraissant en Bulgarie, à Roustchouk. Nous avons vu plus haut combien une pareille nuance était importante. Elle donnait un argument au gouvernement de la principauté. Elle expliquait l'expulsion.

Pour se justifier M. Grécof était donc obligé de recourir à des précédents passablement vagues, l'un discuté, l'autre ne présentant pas d'analogie absolue avec l'affaire Chadourne. Cela seul suffisait pour confirmer la faiblesse de la thèse bulgare réduite à des moyens aussi mesquins et à d'aussi étroites discussions.

Dès lors, nous pouvons tirer une conclusion formelle de cette longue discussion : en protestant, le gouvernement français avait protesté justement. Le droit d'expulsion est, de par le texte même des capitulations, texte que rien n'est venu modifier, la propriété et la propriété exclusive de nos consuls en Orient. Il y a eu là de la part des gouvernements qui se sont succédé un légitime souci de la sécurité des nationaux chrétiens en Turquie et la lettre des capitulations était ici d'accord avec l'esprit qui les avait dictées. Sans doute les délits de presse ont été par la suite soumis à Constantinople à un régime spécial et particulièrement sévère, mais les délits de presse ainsi visés et enlevés à la compétence consulaire ont toujours été des délits commis sur le sol même des pays soumis au régime de ces capitulations, ce qui n'était en aucun cas le fait de M. Chadourne. Enfin les précédents cités tombaient à faux et demeuraient sans portée.

L'incident n'avait eu qu'un but de la part de la Bulgarie, tenter d'échapper à ces pratiques gênantes qui diminuent sa souveraineté et nuisent à son prestige. Elle espérait par des violations successives, des manquements réitérés, des empiètements habilement combinés et hypocritement dissimulés, s'affranchir peu à peu et sans secousse, et, comme nous l'avons dit plus haut, se libérer de cette lourde servitude par une sorte de prescription, faite de précédents, d'incidents en eux-mêmes insignifiants et ne valant que par leur ensemble.

En face de cette attitude, bien facile à percer à jour, le rôle de la France s'imposait : défendre ces capitulations qui furent sa grande œuvre en Orient, et qu'elle pourra abandonner quelque jour vis-à-vis de la Bulgarie d'un acte souverain de sa volonté, mais non par l'effet de petites ruses ou de petites perfidies souterraines, de piètres arguments et de subtilités byzantines. L'initiative prise par la France dans l'affaire Chadourne avait été bienfaisante : elle avait montré à la Bulgarie qu'on n'était pas dupe de ses manœuvres, elle avait affirmé les droits imprescriptibles de notre pays. La fermeté déployée par nous avait eu l'effet souhaité, et depuis cette époque déjà lointaine, dans une région où quinze ans comptent autant qu'un siècle à cause de l'agitation brûlante de la politique, des incidents semblables à l'incident Chadourne ne sont plus renouvelés. Il y a eu là un coup fatal porté à ceux qui pensaient, sans aveu mutuel des parties contractantes, manquer à la foi des traités.

La Bulgarie est toujours frémissante ; elle éprouve une généreuse impatience d'être dispensée de cette *capitis diminutio* qui l'humilie, mais elle travaille par d'autres moyens à mériter de la part des grandes puissances cette preuve de confiance et cette marque non équivoque de sympathie.

Nous allons examiner maintenant quels sont ces moyens, jusqu'à quel point ils peuvent justifier un pareil abandon et nous essaierons de conclure sans passion ni parti pris en nous appuyant sur les circonstances et les faits, bien plus que sur des considérations d'amour-propre national et sur de vaines traditions.

TROISIÈME PARTIE

LES CAPITULATIONS ET L'OPINION EN BULGARIE. LA POSSIBILITÉ DE LEUR DISPARITION ET LES CAUSES QUI POURRONT AMENER CETTE DISPARITION.

Les capitulations et l'opinion en Bulgarie.

De tout ce qui précède, on peut tirer cette conclusion : la Bulgarie se soulève tout entière contre le régime des capitulations, du haut en bas de l'échelle sociale celles-ci font régner un malaise général, un mécontentement universel. Le peuple bulgare prend chaque jour davantage conscience de lui-même, ses victoires contre la Serbie lui ont révélé sa force, la réunion spontanée de la Roumédie a créé dans le peuple un courant très vif en faveur de la politique des nationalités : le résultat de cette politique ne s'est pas fait attendre : elle menace la domination turque dans la Macédoine. De jeunes Bulgares épris d'un patriotisme exalté traversent sans cesse la frontière rouméliote, s'en vont rappeler aux frères macédoniens soumis encore au joug turc impatiemment supporté, qu'eux aussi sont des Bulgares, qu'ils parlent la même langue, qu'ils ont les mêmes mœurs et que Sofia est leur vraie capitale. Ils les convient à la sainte indépendance, rappellent les souvenirs historiques communs et font vibrer les âmes impatientes de liberté avec les récits des époques lointaines mais héroïques. Des sociétés secrètes se forment, s'organisent, font tache d'huile et couvrent le pays de leurs réseaux invisibles et par cela même plus redoutables : là aussi la littérature joue son rôle de délivrance et de précurseur; des écoles bulgares se créent et la jeunesse comme l'enfance apprennent à balbutier la langue maternelle en lisant les œuvres des anciens poètes nationaux, qui sont autant de chants de guerre, de cris de vengeance contre l'infidèle. La religion n'est pas non plus absente de cette résurrection qui devient plus manifeste d'heure en heure et ces deux facteurs qui rendent les peuples forts en s'adressant aux esprits et aux âmes, et qui empêchent les nationalités vaincues de mourir en leur rappelant leurs origines : cette religion, cette langue commune poussent dans les bras de la Bulgarie les sujets turcs qui sont aussi bulgares qui peuvent le croire et le penser, mais n'ont pas le droit de le dire encore. Le mot d'ordre est unanime : ce qu'on désire c'est la Bulgarie ébauchée d'un trait de plume au traité de San Stéphano, effondrée d'un trait de plume au congrès de Berlin, mais demeurée dans toutes les mémoires malgré la vanité des calculs des diplomates, déjoués cette fois encore par la marée toute puissante des peuples : hier encore, des bruits alarmants d'insurrection couraient dans la Macédoine frémissante et peut-être demain cette question macédonienne va-t-elle soulever de nouveau la question d'Orient tout entière.

Dans ce mouvement d'expansion formidable que rien ne saurait arrêter, qui fait éclater les frontières, renverse des trônes pour en élever d'autres et se rit des monarques et des rois, dans cette fièvre de mégalomanie qui donnera peut-être demain à la Bulgarie l'hégémonie des populations chrétiennes de la vallée du Danube et du Balkan, l'amour-propre national des Bulgares est blessé à vif par le maintien des capitulations que plus rien ne justifie à leurs yeux et qui nuit au libre et magnifique développement de leurs aspirations et de leurs désirs. Par la presse, les livres, les brochures, l'opinion publique s'émeut, demande le retrait d'anciens usages que l'état de choses actuel ne comporte plus. Ce sont les arguments que cette presse, ces brochures donnent chaque jour que nous allons discuter dans la dernière partie de cette étude ; nous allons essayer aussi d'indiquer à la suite de quelles modifications et de quelles réformes dans l'État bulgare, l'Europe pourra sans danger abandonner ses droits séculaires et les ranger définitivement dans l'éloignement du passé et de l'histoire.

Dès le lendemain du congrès de Berlin, après le rêve d'indépendance un instant vécu par les Bulgares, un courant très violent s'était formé dans le jeune État contre les restrictions apportées à sa liberté et qu'il jugeait intolérables : avant même les incidents diplomatiques que nous avons précédemment rapportés, et qui montrent de la part du pouvoir central la pensée très nette de s'affranchir, des Bulgares patriotes avaient entamé contre les capitulations une campagne pacifique où ils exposaient loyalement les griefs qu'ils invoquaient contre elles. Dans cette campagne, tous les partis si divisés sur toutes les autres questions furent d'accord dans un but d'intérêt supérieur et national. Des articles fréquents, malgré les troubles intérieurs, inspirés par la même idée et dictés par les mêmes sentiments ont paru et paraissent aujourd'hui encore dans tous les journaux d'opinions et de tendances diverses : la même protestation sans cesse répétée s'y retrouve avec une régularité monotone.

Mais ce n'est pas seulement dans les frontières de la principauté, où ces protestations sans écho au dehors, risqueraient fort de demeurer vaines, que les plaintes se font entendre, dissimulant à peine souvent les cris d'indignation et de colère : l'Europe étant seule juge de la question, c'était devant elle qu'il fallait porter le débat et expliquer les griefs. Les Bulgares ont compris cette nécessité et devinant qu'une agitation intérieure touchant les capitulations serait condamnée forcément à rester stérile, ils se sont adressés à l'opinion même de l'Europe, ils y ont trouvé d'ardents défenseurs.

Depuis environ vingt ans, l'élite de la jeunesse bulgare, celle qui pense et qui écrit, est venue étudier à travers nos universités occidentales, en Russie, en Allemagne, en Suisse, mais surtout en France, la jurisprudence, le droit, la littérature et la politique.

Elle est venue faire connaissance avec notre parlementarisme moderne, pour aller plus tard en tenter des applications malheureuses et prématurées, dans son pays neuf encore d'Orient. Douée d'une faculté d'assimilation très remarquable, d'une souplesse intellectuelle très grande, d'une grande force de dialectique et de logique, un peu ondoyante peut-être et trop enthousiaste, un peu utopiste aussi, cette jeunesse a montré aux vieilles nations du concert européen que la Bulgarie n'était pas une réunion de sauvages soumis encore aux rudes mœurs turques, elle a voulu faire comprendre qu'elle était digne d'être libre pleinement et d'avoir la responsabilité entière de ses actes. Les adeptes de la nationalité bulgare ont fait plus : polyglottes merveilleux comme le sont d'ailleurs tous leurs frères du Balkan, du

Levant et de la Grèce, par des thèses, des articles de revue, des brochures ils ont intéressé l'opinion à leur sort, attiré l'attention sur eux, réclamé pour l'indépendance plus complète encore, pour la suppression des capitulations : ils ont su s'attirer de vives et éloquentes sympathies, donner presque des apôtres à leur cause.

Dès 1881, dans un article de la *Revue des Deux-Mondes*, M. de Laveleye constatait les progrès de la Bulgarie ; en 1883, M. Drandar, un Bulgare, dans un opuscule paru à Paris et publié, en français : *La question des capitulations, de leur suppression dans la principauté bulgare*, résumait dans un langage clair et précis la situation exacte de sa patrie vis-à-vis des puissances européennes, il présentait l'injustice profonde qu'il y avait à laisser dans une situation d'infériorité manifeste un État jeune, c'est vrai, mais méritant toutefois d'être libre ; il affirmait que le régime des capitulations rendait tout gouvernement sérieux, et soucieux de sa dignité, impossible en Bulgarie, toute réforme stérile, tout progrès inutile ; il se révoltait de ce qu'un peuple chrétien, slave, civilisé, plein de foi dans l'avenir, fût mis en tutelle et traité avec la sévérité en usage vis-à-vis du Turc ou des peuples à demi-barbares d'Extrême-Orient.

« L'étranger, écrivait-il, ne peut être arrêté que par ordre de son consul, même en cas de flagrant délit, quand il aurait publiquement commis le crime » et il ajoutait : « Tel est l'état de choses actuel en « Bulgarie. Le pays est ouvert à tout venant, sou-« mis au régime entier des capitulations : la crainte « perpétuelle de voir les consuls se lever et protes-« ter empêche le budget de l'État et celui des com-« munes de se balancer convenablement au moyen « de taxes nouvelles. Sous le régime des capitula-« tions on vit en Roumanie un consul renverser un « ministère en frappant du pied. Une demande hau-« taine d'un consul a déjà eu un résultat semblable « à Sofia. De même que la Porte, le gouverne-« ment bulgare est exposé à recevoir des représen-« tations, des remontrances et même des somma-« tions. Ira-t-on, comme l'ambassade anglaise le fit « à Constantinople, jusqu'à gourmander le prince « Alexandre (alors prince de Bulgarie) sur ses « dépenses ; « et M. Drandar concluait ainsi : « Tant « que la Bulgarie ne sera pas complètement indépen-« dante, tant que ses mouvements seront paralysés « par les mailles multiples des capitulations, un « malaise sensible se perpétuera dans le Balkan. » Ce langage a été bien souvent tenu depuis, sans apporter de modifications à l'état de choses, sans donner satisfaction aux intérêts et à l'amour-propre bulgares.

Car à la question politique, se mêle une question plus irritante encore d'amour-propre aigu et d'orgueil national blessé. Cette préoccupation d'amour-propre se rencontre partout dans les protestations parties chaque jour de Sofia, ou des universités continentales dans lesquelles les Bulgares vont porter leurs revendications d'espérances : elle est d'autant plus vive qu'elle porte sur la situation faite aux nationalités voisines, émancipées d'hier : la Roumanie et la Serbie, les sœurs souvent jalouses et parfois rivales de la Bulgarie nouvelle.

Nous avons étudié la situation exacte de celles-ci au point de vue des capitulations : nous avons vu que soumises en droit à leurs exigences de par le texte même des traités et de l'acte final du congrès de France, la Roumanie et la Serbie ne l'étaient plus en fait. Par suite d'une tolérance générale, équivalant à une renonciation tacite de ses droits, l'Europe n'y exerce plus — depuis vingt ans — les privilèges et les usages que lui confèrent encore expressément les textes et aujourd'hui — sauf pour la Bulgarie — l'indépendance internationale complète des principautés du Balkan est un fait acquis, sur lequel il ne saurait plus être question de revenir.

Un état de choses semblables blesse profondément les populations bulgares : si leur infériorité relative était partagée de l'autre côté du Danube par les Moldo-Valaques, à côté d'elles par les Serbes qu'elles considèrent comme inférieurs et qu'elles ont battu voilà quelques années à peine, peut être prendraientelles leur mal en patience et le supporteraient-elles plus facilement avec cette pensée que la Bulgarie n'est pas isolée dans son infortune. Mais les Bulgares voient leurs plus proches voisins, séparés d'eux par un simple fleuve ou par une ligne de frontière tout arbitraire, soumis jadis comme eux au joug ottoman, émancipés comme eux à force de tenacité et d'héroïsme, avoir pleine conscience d'eux-mêmes, jouir de leur pleine responsabilité et en profiter : cette inégalité de traitement, que rien ne justifie à leurs yeux, fait courir chez les Bulgares des frissons d'indignation, de honte et de colère.

Ce n'est pas tout encore : la Serbie et la Roumanie, en franchissant la dernière étape qui les séparait de leur liberté, en devenant à leur tour États souverains, ont retiré de cette évolution dernière des devoirs et des risques, mais aussi des intérêts et des avantages. Elles vont entrer dans cette société chrétienne faite d'entente réciproque et de bons rapports qui existe encore entre les États européens en Orient, souvenir ressuscité ayant survécu au moyen âge : après avoir subi les capitulations, elles en ont exercé à leur tour les privilèges, elles les exercent aujourd'hui non seulement en Turquie mais en Bulgarie où elles envoient leurs agents et leurs consuls.

Une pareille infériorité, l'exercice de ces privilèges sur leur sol par leurs anciennes sœurs en esclavage, met au cœur de tous les Bulgares un ressentiment farouche.

« N'est-ce pas une humiliation pour eux, de voir leur autorité nationale diminuée au profit même de ces Roumains ou de ces Serbes dont la civilisation n'est pas supérieure à la leur, dont les lois sont identiques aux leurs, dont l'éducation parlementaire à Belgrade ou à Bucarest n'est pas plus avancée qu'à Sofia. Dans ces protestations dont les échos ne cessent de se faire entendre, la haine du Turc disparaît : quand il s'agit des capitulations, on le plaint puisqu'il souffre du même mal que le Bulgare. Ce Bulgare qui prêche la guerre sainte contre l'infidèle en Macédoine, qui dénonce à l'indignation publique les atrocités ottomanes, s'adoucit sur le chapitre des capitulations : séparés sur toutes les questions, ce Turc et ce Bulgare se rencontrent, chose étrange, sur celle-ci, défendent la même cause, partagent et appellent les mêmes espoirs. Le Bulgare comprend que la suppression des usages en Turquie entraînerait, par le fait même, une réforme semblable dans sa principauté et c'est en obéissant à un sentiment de cet ordre que le turcophobe déterminé à tous les autres points de vue qu'est M. Drandar, rappelait, dans la brochure que nous citions plus haut, que même en Turquie, dès 1856, à l'instigation du baron de Bourquenay, les diplomates réunis à Paris inscrivaient au protocole de leur délibération, cette déclaration qui semblait être le symptôme de la disparition définitive des capitulations en Orient ». MM. les plénipotentiaires reconnaissaient tous la nécessité de reviser les capitulations qui fixent les conditions des étrangers en Turquie et ils décident de consigner au présent protocole le vœu qu'une délibération soit ouverte à Constantinople, après la conclusion de la paix pour atteindre ce but dans une mesure propre à donner une entière satisfaction à tous les intérêts légitimes ; « et après une pareille citation, M. Draudar, avec un peu de naïveté peut-être s'étonnait et se demandait pourquoi un accord aussi touchant et aussi unanime n'avait pas reçu de sanction pratique : c'est-à-dire la suppression des capitulations en Turquie et par cela même en Bulgarie. Cette psychologie spéciale et un peu compliquée consistant à combattre le sultan comme un barbare sans civilisation et sans foi à tous propos sauf quand les intérêts de la Bulgarie exigeaient que cette barbarie puisse s'exercer sans obstacle aucun, ni contrôle, valait la peine d'être notée et remarquée au passage.

Dans le livre que nous avons cité, M. Drandar après s'être fait l'écho de toutes ces plaintes soumettait l'indépendance internationale définitive de la Bulgarie, aux sept conditions suivantes, qui, à son avis, offriraient à l'Europe toutes les garanties désirables et lui permettraient de se désintéresser sans scrupule du sort des étrangers dans la principauté :

1° En premier lieu, l'existence d'un code de lois pénales, civiles et commerciales s'imposait, il devait régler avec précision l'administration de la justice, dicter ses sentences aux tribunaux, et maintenir ceux-ci dans la stricte observation de ces lois.

2° Les juges devaient ensuite posséder les aptitudes nécessaires à l'exercice de leurs fonctions, et pour arriver à un pareil but, il fallait exiger d'eux un stage, une sorte de noviciat, selon l'expression même de l'auteur, les initiant à la gravité de leur rôle, et aussi une instruction juridique suffisamment solide, prise dans les grandes universités allemandes ou françaises, jusqu'au jour où des universités nationales et sérieuses existeraient en Bulgarie et permettraient, sur place, l'étude approfondie du droit en pratique et en théorie.

3° En troisième lieu, les débats des divers prétoires seraient publiés soumis au contrôle redoutable de l'opinion, par la presse, et ne pourraient tourner ainsi au détriment des prévenus ou des plaideurs sans que cette opinion avertie ne s'émût et ne protestât.

4° L'organisation judiciaire devait être complète et comprendre les divers degrés de juridiction depuis le juge de paix, jusqu'à la Cour de cassation en passant par les tribunaux de première instance et les cours d'appel à la française par exemple ce qui permettrait aux citoyens d'épuiser ces juridictions successives, partant de la plus basse pour arriver à la plus haute et de n'être pas forcément réduits à porter devant un seul tribunal, jugeant en premier et en dernier ressort, leurs intérêts, au risque de voir ceux-ci lésés, soit par parti-pris ou simplement par erreur ou par négligence.

5° En justice, les témoignages seraient tous égaux, sans distinction de race, de religion ou de position sociale. Cette égalité des citoyens devant la loi donnerait au juge avec l'impartialité nécessaire, l'indépendance indispensable à la dignité de leurs situations. Tel ou tel personnage important ne pourrait plus désormais, par une disposition sensationnelle, influencer ou préparer un verdict, et toute situation même la plus haute, n'ajouterait rien à la valeur de ce témoignage, qui ne compterait que par lui-même. Cette réforme éviterait le retour des scandales si fréquents lors de la domination turque où les juges soumettaient le plus souvent leur opinion aux affirmations mensongères et le plus généralement stipendiées des fonctionnaires d'ordre souvent inférieur, parlant effrontément au nom du gouvernement qu'ils représentaient, et dictant ainsi d'avance sa décision à un tribunal faible et timoré, manquant de conscience autant que de caractère.

6° Le système pénitentiaire, lui aussi, ne devrait rien laisser à désirer; le prisonnier serait traité avec humanité, les prévenus ne pourraient être considérés comme coupables et de ce chef subir de mauvais procédés, être interrogés selon les habitudes turques équivalant le plus souvent à la torture pure et simple pour forcer l'aveu, ils pourraient avoir sur leur demande, des avocats chargés du soin de leur défense, communiquer librement et en secret avec ceux-ci, citer des témoins, demander des confrontations, et avant d'être déférés à la justice, ces prévenus, dans une instruction sérieuse, auraient la faculté de faire la preuve de leur innocence. Les condamnés à une peine afflictive et corporelle, ne seraient pas soumis à des traitements barbares, abandonnés à l'arbitraire de leurs gardiens et une surveillance sérieuse serait exercée sur toutes les maisons de détention quelles qu'elles soient;

7° Enfin, la police tracassière et brutale, telle qu'elle existait en Turquie, serait remplacée par une police mieux organisée, moins inquisitériale, assurant à tous, indistinctement, une protection efficace et sérieuse, ne commettant aucun acte de violence, veillant à la sécurité de tous les citoyens, sans nuire pour cela à la liberté de chacun et remplissant en un mot son rôle sans faiblesse, comme sans excès de zèle déplacé, avec mesure, discrétion et adresse.

Certes, si ce plan avait pu être réalisé de point en point, l'Europe n'aurait plus de raison à faire valoir pour maintenir la situation amoindrie, au point de vue international de la Bulgarie. Dès 1886, M. Drandar présentait les réformes que nous avons rapidement énumérées comme accomplies pour la plupart, les autres étaient imminentes, déclarait-il, et il bornait dorénavant au rôle suivant l'activité des consuls étrangers dans son pays : « Le consul resterait « compétent dans toutes les questions de l'état civil « et dans toutes les affaires litigieuses de ses sujets, « que porteraient sur des valeurs étrangères au pays « de sa résidence. » C'était réduire à sa plus simple expression, l'utilité de ces consuls dans la principauté, et cette innovation aurait pu être admise sans inconvénient grave, si la situation présentée par M. Drandar et que nous avons résumée, avait été exactement celle de la Bulgarie, à la suite de réformes efficaces et loyalement exécutées.

Malheureusement, si beaucoup de ces réformes ont été introduites en droit dans la législation bulgare, elles ne l'ont pas toujours été en fait; on n'a pas pu d'un trait de plume modifier, d'un seul coup, des habitudes et des mœurs nationales, dès longtemps ancrées dans l'âme populaire ; les réformes sont demeurées presque toujours stériles, en tous cas incomplètes, et c'est en suivant pas à pas le plan tracé par M. Drandar lui-même, que nous montrerons, par des exemples, dans la seconde partie de ce chapitre, combien insuffisantes sont aujourd'hui encore les garanties offertes par la Bulgarie à l'Europe et combien est justifiée la défense de celle-ci vis-à-vis de changements hâtifs, mal préparés et conservant de cette tare originelle : une impuissance le plus souvent absolue : combien est justifié aussi le maintien des capitulations, quitte à ne pas les appliquer dans tous les cas, et seulement quand la sécurité ou l'honneur des grandes puissances européennes peuvent l'exiger, par suite de circonstances imprévues, déjouant les calculs, les prévisions et les lois faibles encore du jeune état balkanique.

Et d'abord pour ne parler que des codes pompeusement élaborés, il ne suffit pas de promulguer ces lois pour que celles-ci soient appliquées ; sans doute, si l'on tient au texte, ces lois fonctionnent, sans doute, la législation turque en vigueur dès l'abord, a été remplacée par une législation calquée sur la législation française, les Bulgares s'en vont nombreux tous les ans à Paris ou dans les universités allemandes, apprendre le droit, et ils montrent pour cette étude le goût vif et prononcé que les Slaves ont toujours pour la science juridique. Le jury, cette institution démocratique par excellence, le « prisiajni » comme on appele là-bas les jurés, rendent des verdicts tout comme dans nos Cours d'assises, plus d'un siècle après la grande Révolution ; les crimes et les délits se font plus rares, plus rares les attentats à la propriété individuelle et il semble qu'une ère de sécurité intérieure soit ouverte par la Bulgarie. Mais, si l'on ne s'en tient pas à la façade et à l'apparence, si l'on tente de pénétrer les dessous de ces réformes hâtives, à pénétrer la psychologie des magistrats, divisés comme chez nous en juridictions de première instance et d'appel, combien vite l'on s'aperçoit que ces grandes modifications ont amélioré sans doute, mais pas du tout transformé, les lointaines habitudes d'un peuple habitué à la vénalité turque, aux arrangements suspects et aux partialités équivoques. Sans doute les Bulgares apprennent le droit, sans doute, à Sofia une université florissante réunit de nombreux élèves, mais combien de juges n'ont encore, dans ce pays, que des bien vagues notions de la jurisprudence et s'en tiennent aux coutumes musulmanes ou locales, bizarres souvent, et peu appréciées à notre siècle de réalités et aussi de promptitude. Les instances en Bulgarie sont forcément interminables, les incidents de procédure succèdent aux incidents de procédure, et si l'on ajoute à cette lenteur le fait du prince, le fait du ministre, le fait des chefs de district, on verra que la sécurité des justiciables ne résulte pas, de parti pris, de toutes ces complications qui n'ont pas modifié de fond en comble la façon ancienne de rendre la justice qui tenait surtout compte de la personnalité des prévenus et des désirs exprimés en haut-lieu.

Bien plus, ce jury dont nous parlions tout à l'heure, n'a pas l'impassibilité des jurys de France : les propriétaires fonciers qui le composent sont à la merci de toutes les influences, et l'on a vu au cours de leurs délibérations, des personnages officiels qui n'avaient rien à voir ni à faire là, apporter aux infortunés prisiajni des conseils dont l'argumentation ne reposait pas toujours sur le seul souci du respect de la loi.

Mais si dans les procès civils, les garanties sont loin d'être suffisantes, elles le sont moins encore dès que l'un d'eux touche de très près ou de très loin à la politique. Et en Bulgarie où la vie publique est ardente, il est bien rare qu'un procès puisse échapper à la politique. Sous Stambouloff, au nom de la sûreté de l'État, c'était toujours les huit-clos et les cours militaires.

Aujourd'hui encore ce sont les tribunaux d'exception qui opèrent, où les juges sont pressentis d'avance et les jurés ne sont pas du tout tirés au sort, mais choisis préalablement, sans que la défense puisse songer à les récuser. Et que dire des droits de la défense, ces droits sur lesquels reposent semble-t-il, toute l'organisation des tribunaux soucieux de l'impartialité et de la dignité qui doivent présider aux décisions judiciaires.

La défense en Bulgarie est à ce point asservie qu'un avocat bulgare parcourant les Chambres de nos tribunaux, considérait les prérogatives de l'ordre des avocats comme anarchiques. Etrange erreur,en vérité que celle qui consiste à s'étonner des garanties laissées à tout prévenu pour prouver son innocence ou pour infirmer la prévention dirigée contre lui, étrange pays de civilisation celui où l'on peut bâillonner la défense et imposer silence aux avocats.

Mais si les tribunaux malgré tout sont en progrès dans la principauté, il n'en est pas de même de la police qui est hideuse. Celle-ci se recrute dans la lie de la population et l'on peut dire aisément qu'elle est toute puissante. La police officielle n'est rien, la police occulte, la police secrète est tout. Celle-là ne laisse passer aucun indice, elle furète partout, inquisitoriale, indiscrète, brutale. Les peuples slaves connaissent une organisation policière qui fait honte à nos polices occidentales. Il y a là-bas comme partout des mouchards amateurs, mais il y a plus encore : de véritables associations particulières dont le seul rôle est d'espionner la vie privée et de violer les secrets intimes. La conséquence d'un tel état de choses ne saurait étonner. C'est non seulement la prime à la délation, mais ce sont aussi les arrestations arbitraires, les perquisitions sans mandat, le triomphe incontesté du commissariat de police.

Pour un motif futile, ou même sans aucun motif on est appelé chez le commissaire. Heureux encore celui qui n'est pas appréhendé avec violence pour être conduit en sa présence !

Si une erreur est commise on relaxe les citoyens ainsi privés de leur liberté au bout d'un certain temps et sans beaucoup d'excuses. Si le fait qu'on leur reproche est reconnu exact, c'est la prison préventive indéfinie comme pour les assassins de Stambouloff : des instructions interminables où la procédure la plus étroite reprend ses droits. C'est bien là, semble-t-il, le défaut capital de ces réformes hâtives. Elles aggravent parfois au lieu de l'améliorer, le sort des Bulgares, ajoutant aux procédés antérieurs à elles et qui sont demeurés en vigueur, les pratiques méticuleuses de prescriptions inutiles.

Enfin, si l'on en arrive au régime pénitentiaire ici encore nous trouverons que M. Drandar, dans un sentiment très honorable de patriotisme, a pris un peu trop, semble-t-il, ses désirs légitimes pour des réalités. Laissons même de côté l'hygiène des prisons, les cellules sans lumière et sans air, et dans beaucoup de maisons de force la vie en commun, dans une promiscuité repoussante des prévenus de droit commun et des prévenus politiques. Il y a plus : il y a les mauvais traitements, les peines corporelles, la bâtonnade et le knout, des gardiens d'une impitoyable brutalité, des formalités d'écrou insuffisantes et, en conséquence, des prisonniers oubliés même après l'expiration de leur peine.

Dans l'ensemble de ce tableau il faut distinguer certes des améliorations mais il apparaît, insistons encore une fois sur ce point, qu'ébauchés à grands traits il est résulté dans l'application de ces réformes comme une indécision et un étonnement. A cet égard il faut citer quelques faits justificatifs. Ils ne sont pas difficiles à trouver et nous les prendrons entre beaucoup d'autres.

Pendant l'interrègne qui s'écoula entre l'abdication d'Alexandre de Battemberg et la nomination du prince Ferdinand, lors des élections qui eurent lieu à cette époque dans toute la principauté à Roubnitza une émeute éclate au cours de laquelle est tué le préfet du district. Le gouvernement de Stambouloff profite de l'occasion, sans aucune forme de procès, pour dépouiller les plus riches bourgeois, sans s'enquérir du degré exact de leur culpabilité : trente-six condamnations à mort sont prononcées tandis que sous prétexte de perquisitions, tous les adversaires politiques du gouvernement sont molestés ou pillés. A la même époque les innombrables prisonniers enfermés à Tatar-Bazardjick à la suite d'une échauffourée causée par une arrestation arbitraire sont odieusement suppliciés : « A Plowdif dit M. Drandar lui-même, la police administrait journellement la bâtonnade aux gens nus en prison pour leurs opinions politiques. » « De tous les fonctionnaires de la régence, ajoute-t-il plus loin, le plus cruel fut peut-être le préfet de Roustchouk, un certain Mantoff, qui avait été jadis plusieurs fois condamné pour vol avec effraction en Roumanie. Parmi la foule des citoyens emprisonnés à Roustchouk se trouvaient

M. Th. Théodoroff actuellement président à la Chambre des députés et M. Goubtelnikoff, l'avocat bien connu, aujourd'hui député. Tous furent fouettés jusqu'au sang à coups de verge ou à coups de boyaux de toile remplis de sable. Il est certain que cet instrument de supplice est un instrument bulgare. Un des suppliciés nous a raconté les effets particuliers de cette torture. Pendant la flagellation on est incapable de crier, on sent toutes les veines se rompre dans le corps, la peau ne garde aucune marque et le supplicié meurt le plus souvent après quelques mois. S'il survit il devient rapidement impotent pour le reste de ses jours. »

A la suite de la révolte de Roustchouck de pareils excès se produisent : « Dès le premier jour, les prisonniers furent enfermés à Tcherna-Djama (prison de Sofia) et il fut interdit de leur apporter ni nourriture, ni vêtements. Le même soir, les portes des cachots furent ouvertes, et Fitcheff, aide de camp du commandant de Sofia, major Popoff, vint interroger les prévenus. Il appela d'abord Orochakoff et se mit à le battre en lui disant : « Ah ! tu veux être ministre, reçois cela pour ton ministère. » Puis ce fut au tour du sexagénaire Kessimoff et de plusieurs autres. Ils furent tous maltraités de la même manière. Quant à Karavéloff, qui était enfermé dans un autre cachot, avec Nikiforoff, l'ex-ministre de la guerre, il fut conduit, à ce que raconte le journal *La Jeune Bulgarie*, dans la prison des femmes par le major Panitza. Karavéloff fut dépouillé de ses vêtements et, une fois nu, flagellé. Il reçut cinquante-trois coups de fouet et tomba deux fois en défaillance. Chaque fois, on arrosait d'eau son corps et les coups de fouet recommençaient. Le supplice se termina par quelques coups que le major Panitza appliqua lui-même sur la tête de Karavéloff. Citoyen bulgare, nous voudrions flétrir Stambouloff et ses suppôts de toute notre colère indignée et méprisante pour de pareils crimes, mais il faut nous rappeler que Karavéloff avait fait fouetter par ses « gourdins », presque jusqu'à le tuer l'ancien ministre Bourmoff, près de Plowdif. Les cruautés de l'un n'excusent pas celles de l'autre et ce sont les mœurs barbares d'un certain nombre de politiciens chez nous qu'il nous faut maudire et dénoncer à l'indignation des peuples civilisés. » C'est un Bulgare qui parle ainsi, antistambouliste c'est vrai, mais peu suspect, au nom de la dignité même de son pays.

Si l'on objecte que ces faits remontent à une époque troublée, d'autres faits analogues se retrouvent depuis que l'ère des troubles est close et même depuis le ministre Stambouloff.

En 1890 au moment de l'affaire Panitza et après la condamnation de celui-ci par un conseil de guerre, le tribunal ajouta à l'énoncé du jugement une supplique où il demandait que la peine capitale fût commuée en une condamnation à quinze ans de prison. Contrairement à l'ordre de la loi la sentence fut présentée par le conseil de guerre au conseil ministériel. Stambouloff déclara qu'il ne consentait pas en ce qui concernait le major Panitza à la réduction de peine que demandait le conseil. La sentence fut exécutée. Quelques mois plus tard, à la suite de l'assassinat du ministre Beltcheff que nous avons relaté dans un précédent chapitre, la loi fut de nouveau violée, la défense bâillonnée. » Stambouloff avait écrit au maître de police de laisser les avocats s'entretenir avec leurs clients, sauf avec Gheorghieff, Lepartzoff, Stoïkoff qui furent privés de conseils. Nous avons vu aussi de quelles atrocités furent victimes au moment de l'instruction plusieurs des prévenus, les tortures supportées par l'inculpé Tufektchieff et qui valurent à M. Chadourne qui les avait révélées la brutale expulsion que nous savons.

Sans doute ces affreuses mesures, depuis la chute de Stambouloff, ne se sont pas renouvelées avec un pareil cynisme, la loi est plus respectée et la disparition du dictateur a marqué à la fois une détente et un progrès. Malgré tout, que de fois encore on n'a tenu compte ni de la complication des codes, ni des droits des citoyens, que de fois ceux qui devaient représenter la justice n'ont connu que la partialité et la haine. Sous le ministre Stoïloff, au moment des élections, on a signalé de nouveau ces emprisonnements par mesure administrative qui avaient motivé dès 1893 l'interpellation Pecheff. D'autres faits abondants, précis, accusateurs, pourraient être cités. Sans doute ils touchent de près ou de loin à la politique mais dans les affaires plus simples, dans les litiges privés, moins connus sans doute et sans publicité, on retrouve le même état d'esprit, le même mépris de la loi, les mêmes influences se faisant jour jusque dans la salle des délibérations des prétoires. Disons-le une fois encore, il y a progrès, mais ce qui demeure justifie le maintien des capitulations, garanties nécessaires contre l'arbitraire, la police inquisitoriale, les pratiques brutales, les bâtonnades et les amendes, tout l'arsenal vermoulu de la justice ottomane existant encore en fait sinon endroit, aggravée par la délation chère aux Slaves, l'organisation policière, et l'institution souterraine et féconde des mouchards amateurs ou payés, soldats ou volontaires de cette délation.

CONCLUSION

Avant de tirer une conclusion et d'émettre un avis personnel une tâche s'impose à nous : celle de ne pas se laisser dominer par des sentiments d'égoïsme national. La Bulgarie a droit à tous les égards. Les longs efforts, le sang généreux, les martyrs que son indépendance lui a coûtés, les loyales tentatives accomplies depuis pour apprendre le dur métier de nation affranchie, plein de responsabilités et de surprises et, pour tout dire, les progrès accomplis par la jeune principauté tant au point de vue de la politique intérieure que de la politique extérieure arrêtent l'attention et forcent le respect. Il suffit d'avoir traversé la Bulgarie pour sentir que de tous les peuples des Balkans, c'est le peuple bulgare qui réunit le plus de qualités, qui a le plus conscience de sa force et du rôle futur qui est promis, semble-t-il, à ses destinées. Le Roumain a la grâce servile, le Serbe la violence sans courage, le Bulgare a l'énergie, l'initiative, et, avec la rudesse, une curieuse faculté d'assimilation, le désir de savoir et d'apprendre, un besoin d'expansion et un besoin d'organisation. Peuple guerrier, dès longtemps rompu aux luttes séculaires, à la cruauté comme au brusque retour de la fortune, fataliste par suite de la longue occupation turque, obstiné dans ses desseins, le peuple bulgare mérite toutes les sympathies et jusque dans les excès de la propagande nationale qu'il tente partout où l'on rencontre l'élément bulgare même en minorité, il sauve tout par son absolu mépris de la mort et son dévouement à son idéal et à ses idées. Dès lors il arrivera une époque où la Bulgarie devra être affranchie de cette étroite tutelle des capitulations et il est certain que dès à présent on peut s'étonner de voir la Serbie libérée des traités, et la Bulgarie y être encore soumise, alors que dans l'un comme dans l'autre pays l'éducation politique n'est que rudimentaire.

Le drame qui a ensanglanté Belgrade en juin 1903 prouve de quoi est capable l'armée, qui est la seule force organisée de la Serbie, et de pareilles violences indiquent à quel point de sauvagerie peut s'abaisser le peuple serbe, de quels monstrueux égarements il est capable et la faiblesse de la loi dans une ville où les conflits peuvent se trancher normalement par l'assassinat.

Dès lors le Bulgare, qui se considère à juste titre comme supérieur au Serbe, est humilié de se sentir inférieur à lui au point de vue international. Il est juste de faire remarquer ici que la Bulgarie n'a pas vis-à-vis de la Porte l'indépendance absolue de la Serbie et qu'on trouve là un argument considérable pour justifier le maintien de ces capitulations. D'ailleurs il est bien certain que l'indulgence de l'Europe vis-à-vis de cette Serbie, l'abandon des droits qui ne figurait pas, comme nous l'avons vu, dans l'acte final du congrès de Berlin, mais qui depuis est devenu un fait acquis, ont quelquefois paralysé l'action des chancelleries lors des caprices du roi Milan ou de l'infortuné Alexandre.

Il faut ajouter aussi que si, dans l'ensemble, les progrès de la principauté bulgare au point de vue législatif ne sauraient être mis sérieusement en doute, que si les institutions fonctionnent en apparence, que si les codes s'élaborent, il y a encore des ombres au tableau et ces ombres sont quelquefois sanglantes : nous avons étudié ce point de vue dans le précédent chapitre. Sans toute les cabinets qui se sont succédé depuis la chute du ministère Stambouloff ne connaissent plus l'arbitraire qui semblait présider à toute la politique de cet homme d'État, mais malgré tout il y a encore journellement à Sofia des attentats contre la liberté individuelle des abus de pouvoir, des pratiques policières dans un pays où les origines slaves donnent à la police ce caractère tout puissant et mystérieux qu'on rencontre à Saint-Pétersbourg. Les tribunaux n'ont pas cette impartialité grave qui assure avec la dignité des juges la garantie des justiciables ; comme nous l'avons vu dans le précédent chapitre les réformes ont été plus en façade qu'en profondeur, elles ont été trop hâtivement conçues et trop hâtivement exécutées. Il en résulte un flottement inévitable et de la part des magistrats, souvent comme un étonnement de leurs fonctions nouvelles et des devoirs que leur impose la loi. Et puis, comme nous l'avons à plusieurs reprises remarqué dans le courant de cette étude, on ne peut échapper d'un coup à l'état d'esprit qui résulte de six siècles de servitude, durant lesquels un peuple a connu toutes les exactions, toutes les bassesses, toutes les vénalités de cette administration turque indulgente aux grands, dure aux petits, partiale pour tous. Il en demeure, au jour de l'indépendance, comme un éblouissement.

Il y a enfin une cause actuelle qui justifie le maintien des capitulations : c'est l'état des Balkans du fait des Bulgares, l'agitation qui trouble la Macédoine, les attentats auxquels cette agitation a donné lieu. — Nous l'avons indiqué plus haut : partout où il y a un Bulgare, il existe une propagande bulgare : c'est la caractéristique de cette nationalité vivace, féconde, prompte à l'action. Des comités s'organisent, des associations se forment et prennent aussitôt par des ramifications avec des comités directeurs, une allure révolutionnaire. Même lorsque l'élément bulgare n'est pas en majorité, il a la prétention d'imposer sa volonté, cette nationalité, cette langue, l'espoir d'une annexion future, prochaine à la Bulgarie. C'est là, si l'on peut dire, le défaut qui résulte de l'excès d'une qualité. Il a eu, ces années dernières, les conséquences tragiques qui se répercutent et se prolongent aujourd'hui encore.

Les luttes qui ont ensanglanté la Macédoine, les bombes de Salonique, les massacres répétés un peu partout, les bandes mystérieuses recrutées on ne sait comment, paraissant à l'improviste et disparaissant avec la même rapidité, tout ce qui a défrayé la presse, attiré l'attention de l'opinion avant que celle-ci ne se soit reportée tout entière sur le gigantesque conflit qui se déroule à l'heure actuelle en Extrême-Orient, est le fait de ces comités bulgares dans un pays où la nationalité grecque est plus nombreuse au point de vue numérique que la nationalité bulgare. C'est peut-être là la caractéristique la plus curieuse des derniers troubles. Jusqu'à présent les excès répondant à d'autres excès étaient dirigés principalement contre les Turcs ; en Macédoine le Turc passe, semble-t-il, au second plan. La haine du Grec, du clergé grec, de l'instituteur grec est plus forte pour le Bulgare que la haine du Turc.

Il en est résulté ces hécatombes qui ont fait frémir toute l'Europe, ces batailles dans le même village où les deux éléments étaient côte-à-côte, face à face, animés de mauvaises rancunes, voisins et ennemis, parlant des idiomes différents, et ayant des aspirations différentes. On a parlé, dans la presse, de la férocité des soldats turcs, et les Bulgares sachant que le Turc est peu sympathique de par atavisme ont voulu faire retomber sur lui seul la responsabilité de ces massacres. Certes nous ne voulons pas faire ici l'apologie de cette soldatesque déguenillée et féroce, mais il semble bien que la vraie lutte, impitoyable ait existé entre les Grecs et les Bulgares tandis que les troupes ottomanes, impuissantes à maintenir l'ordre, frappaient un peu au hasard. Dans le fond il ne s'agissait pas d'expulser les régiments du sultan, ce que voulait les comités bulgares c'était si possible, l'anéantissement des Grecs, qui défendaient contre eux leur existence menacée et leurs maisons pillées.

Dans de telles conditions, au milieu de ces émeutes, alors que ces comités avaient tous leurs têtes à Sofia, que des officiers bulgares commandaient et disciplinaient les bandes, que le gouvernement perplexe et faisant des vœux pour le succès de l'entreprise n'osait pas approuver officiellement, mais blâmait moins encore et fermait les yeux, ce n'était certes pas le moment d'abandonner les capitulations et les privilèges à l'heure où la nationalité bulgare exaltée pouvait en recevoir plus d'élan encore et se griser d'un pareil succès.

Ce qui malheureusement éloigne la solution du problème, c'est qu'un tel état de choses est le résultat de circonstances qui ne sont pas près de cesser. Tant qu'une extermination complète ou une émigration résultant de l'épouvante et de la guerre civile n'aura pas fait disparaître l'élément grec ou l'élément bulgare, les troubles continueront avec des périodes alternées d'agitation et de calme, des succès et des revers, malgré tous les efforts des autorités impuissantes, malgré cette fameuse organisation, avec un cadre européen, de la gendarmerie macédonienne. On peut dire que l'existence des capitulations en sera prolongée, alors qu'avant cette explosion de colères, le rapprochement avec la Russie et même avec l'Autriche, la situation financière de la principauté qui s'améliorait chaque jour, l'application plus sévère des codes jadis promulgués sur le patron de ceux des grands États de l'Europe, la tranquillité intérieure succédant à la période troublée du stamboulisme, semblaient diriger la diplomatie vers l'abandon de ces droits.

Est-ce à dire qu'il faille considérer cette solution comme définitivement écartée ? Certes non ; quelque embrouillée que soit la situation de la Macédoine, elle n'est pourtant pas inextricable. Les dénouements prompts succèdent souvent dans l'histoire aux stagnations séculaires et malgré l'enchevêtrement des races, il peut surgir pourtant sinon une entente absolue du moins une trève au caractère définitif.

D'ici là, les capitulations doivent être conservées:

ce sera de la part de l'Europe un acte de sagesse et de prudence. La Bulgarie parachèvera en attendant son éducation et son apprentissage et deviendra digne d'un peu plus de liberté.

Faut-il pour cela s'en tenir à la lettre souvent un peu formaliste et sévère de ces capitulations et les appliquer avec toute leur rigueur, ne pas tenir compte de tous ces progrès et de toutes ces bonnes intentions? Certes non, et il y a là une question de tact. Les nations européennes ont entre leurs mains une arme dont elles peuvent se servir à leur gré quand les circonstances l'exigent, mais qu'elles peuvent à leur gré aussi ne pas employer.

Les pratiques tracassières résultant de textes quelquefois obscurs, les formalités mesquines, les procédés blessants faits pour humilier les légitimes fiertés d'un peuple qui a su se faire lui-même et travaille courageusement à se régénérer, toutes les mesures vexatoires si elles étaient employées ne prouveraient de la part des grands États ni générosité, ni prudence, ni sens véritable de la situation. Nous avons vu qu'à cet égard l'Autriche elle-même s'est relâchée des rigueurs passées dont elle voilait sa mauvaise humeur, et des incidents comme l'incident Chadourne sont exceptionnels. Le rôle de tous à Sofia est de permettre aux autorités de la principauté ces réformes efficaces et profondes, ces modifications définitives, ces institutions stables qui donnent aux citoyens d'un pays, comme aux étrangers résidant sur le territoire de ce pays, avec la sécurité dont le premier résultat est la prospérité commerciale, la certitude que l'ère des révolutions, des guerres civiles, des attentats est close à jamais.

Dès lors les capitulations disparaîtront d'elles-mêmes avec les raisons de haute politique qui les avaient justifiées ; elles entreront dans le domaine de l'histoire ayant rempli leur rôle jusqu'au jour où des garanties nouvelles, l'évolution naturelle des races affranchies, l'ordre dans la paix, ne leur laisseront plus de place et de raison d'être. Ayant été grandes par leur passé, grandes par leurs conséquences et par leur conception même, elles garderont, du moins, l'intérêt poignant qu'évoquent les souvenirs de cette question d'Orient, si complexe, si vivante encore, faite d'équivoques, de retours imprévus, de faiblesse et de grandeur, et qui a agité le monde de ces crises périodiques qui jalonnent les siècles passés, comme les crises de la question d'Extrême-Orient seront les jalons des siècles à venir.

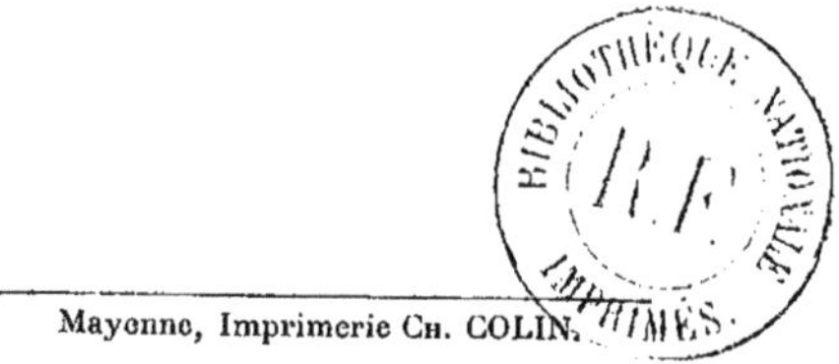

Mayenne, Imprimerie Ch. COLIN.

www.ingramcontent.com/pod-product-compliance
Ingram Content Group UK Ltd.
Pitfield, Milton Keynes, MK11 3LW, UK
UKHW022055260726
13993UKWH00001B/124